Impressum
Verlag: BABADADA GmbH, Nedderfeld 112 , 22529 Hamburg
Geschäftsführer / Verlagsleitung: Harald Hof
Druck: Books on Demand GmbH, In de Tarpen 42, 22848 Norderstedt

Imprint
Publisher: BABADADA GmbH, Nedderfeld 112 , 22529 Hamburg, Germany
Managing Director / Publishing direction: Harald Hof
Print: Books on Demand GmbH, In de Tarpen 42, 22848 Norderstedt

σχολείο

skola

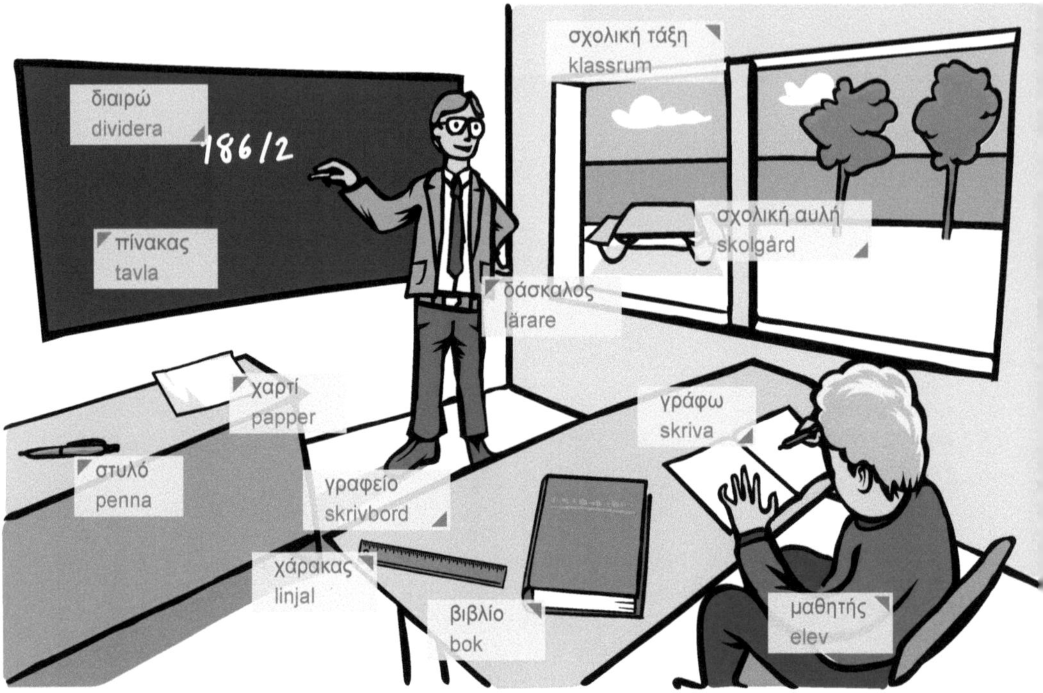

σχολική τάξη
klassrum
διαιρώ
dividera
186/2
πίνακας
tavla
σχολική αυλή
skolgård
δάσκαλος
lärare
χαρτί
papper
γράφω
skriva
στυλό
penna
γραφείο
skrivbord
χάρακας
linjal
βιβλίο
bok
μαθητής
elev

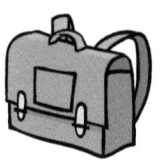

σχολική τσάντα

skolväska

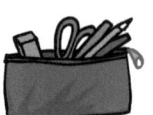

κασετίνα/ μολυβοθήκη

pennfodral

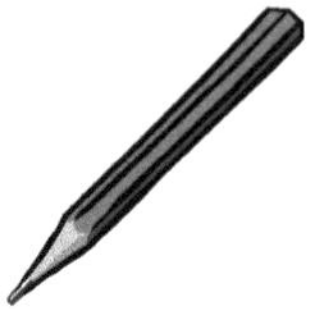

μολύβι

blyertspenna

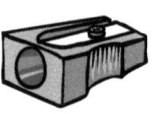

ξύστρα

pennvässare

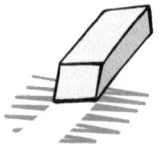

γόμα

suddgummi

μπλοκ ζωγραφικής

ritblock

ζωγραφική

teckning

πινέλο

pensel

κουτί χρωμάτων

målarlåda

ψαλίδι

sax

κόλλα

lim

τετράδιο ασκήσεων

övningsbok

εργασία για το σπίτι

hemläxa

αριθμός

tal

προσθέτω

addera

αφαιρώ

subtrahera

πολλαπλασιάζω

multiplicera

υπολογίζω

räkna

γράμμα

bokstav

αλφάβητο

alfabet

λέξη

ord

κείμενο
text

διαβάζω
läsa

κιμωλία
krita

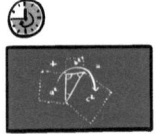

μάθημα
lektion

εγγράφομαι
register

τεστ
prov

πιστοποιητικό
intyg

μαθητική στολή
skoluniform

εκπαίδευση
utbildning

εγκυκλοπαίδεια
uppslagsverk

πανεπιστήμιο
universitet

μικροσκόπιο
mikroskop

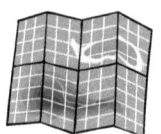

χάρτης
karta

καλάθι αχρήστων
papperskorg

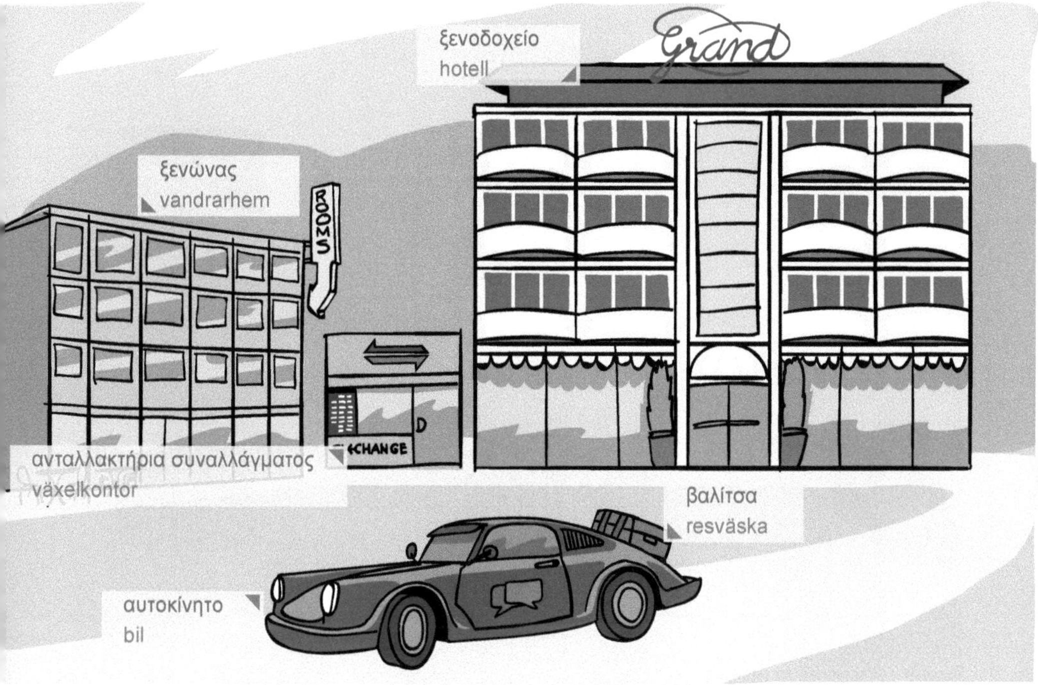

ξενοδοχείο
hotell
Grand
ξενώνας
vandrarhem
ROOMS
EXCHANGE
ανταλλακτήρια συναλλάγματος
växelkontor
βαλίτσα
resväska
αυτοκίνητο
bil

γλώσσα

språk

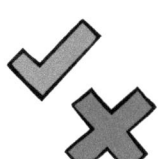

ναι / όχι

ja / nej

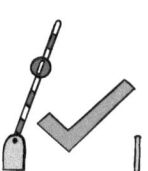

εντάξει

Okay

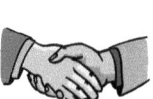

γεια σου

hej

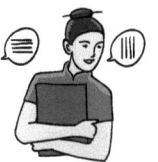

μεταφραστής

översättare

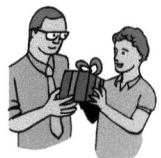

Ευχαριστώ

Tack

πόσο κάνει ;

hur mycket kostar...?

Δε καταλαβαίνω

jag förstår inte

πρόβλημα

problem

Καλησπέρα!

God kväll!

Καλημέρα!

God morgon!

Καληνύχτα!

God natt!

Αντίο

hejdå

κατεύθυνση

riktning

αποσκευές

bagage

τσάντα

väska

σακίδιο πλάτης

ryggsäck

καλεσμένος

gäst

δωμάτιο

rum

υπνόσακος

sovsäck

σκηνή

tält

τουριστικές πληροφορίες

turistinformation

παραλία

strand

πιστωτική κάρτα

kreditkort

πρωινό

frukost

μεσημεριανό

lunch

δείπνο

middag

εισιτήριο

biljett

ανελκυστήρας

hiss

γραμματόσημο

frimärke

σύνορα

gräns

τελωνείο

tull

πρεσβεία

ambassad

βίζα

visum

διαβατήριο

pass

μεταφορά
transport

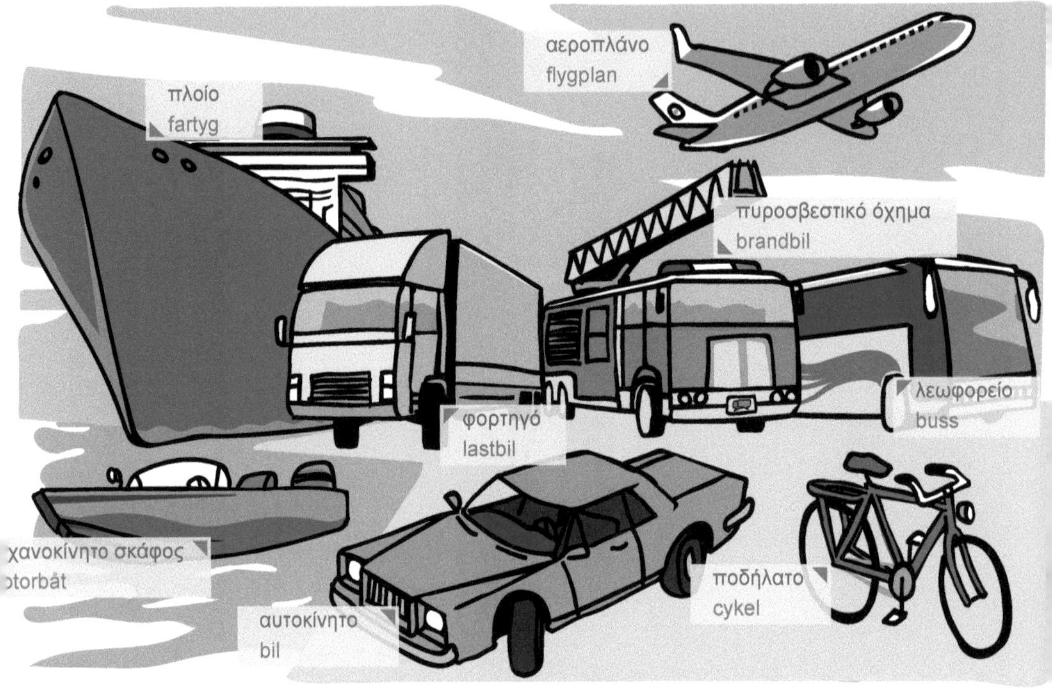

αεροπλάνο
flygplan
πλοίο
fartyg
πυροσβεστικό όχημα
brandbil
λεωφορείο
buss
φορτηγό
lastbil
χανοκίνητο σκάφος
otorbåt
ποδήλατο
cykel
αυτοκίνητο
bil

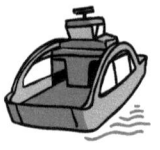

φεριμπότ

färja

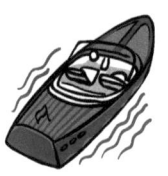

βάρκα

båt

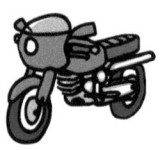

μοτοσικλέτα

motorcykel

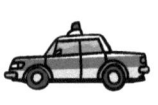

περιπολικό

polisbil

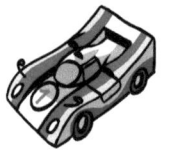

αγωνιστικό αυτοκίνητο

racerbil

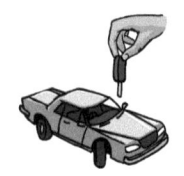

ενοικιαζόμενο αυτοκίνητο

hyrbil

διαμοιρασμός αυτοκινήτων

bilpool

γερανός

bärgningsbil

απορριμματοφόρο

sopbil

κινητήρας

motor

καύσιμο

bränsle

βενζινάδικο

bensinstation

πινακίδα σήμανσης

vägmärke

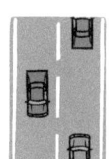

κυκλοφορία

trafik

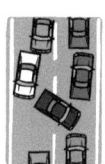

κυκλοφοριακή συμφόρηση

bilkö

χώρος στάθμευσης

parkeringsplats

σιδηροδρομικός σταθμός

tågstation

σιδηροδρομικές γραμμές

räls

τρένο

tåg

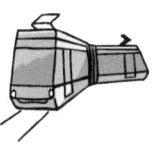

τραμ

spårvagn

βαγόνι

vagn

ελικόπτερο

helikopter

αεροδρόμιο

flygplats

πύργος

torn

επιβάτης

passagerare

εμπορευματοκιβώτιο

container

χαρτοκιβώτιο

kartong

καρότσι

vagn

καλάθι

korg

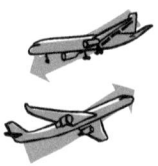

απογειώνομαι /
προσγειόνομαι

starta / landa

πόλη

stad

χωριό

by

κέντρο της πόλης

centrum

σπίτι

hus

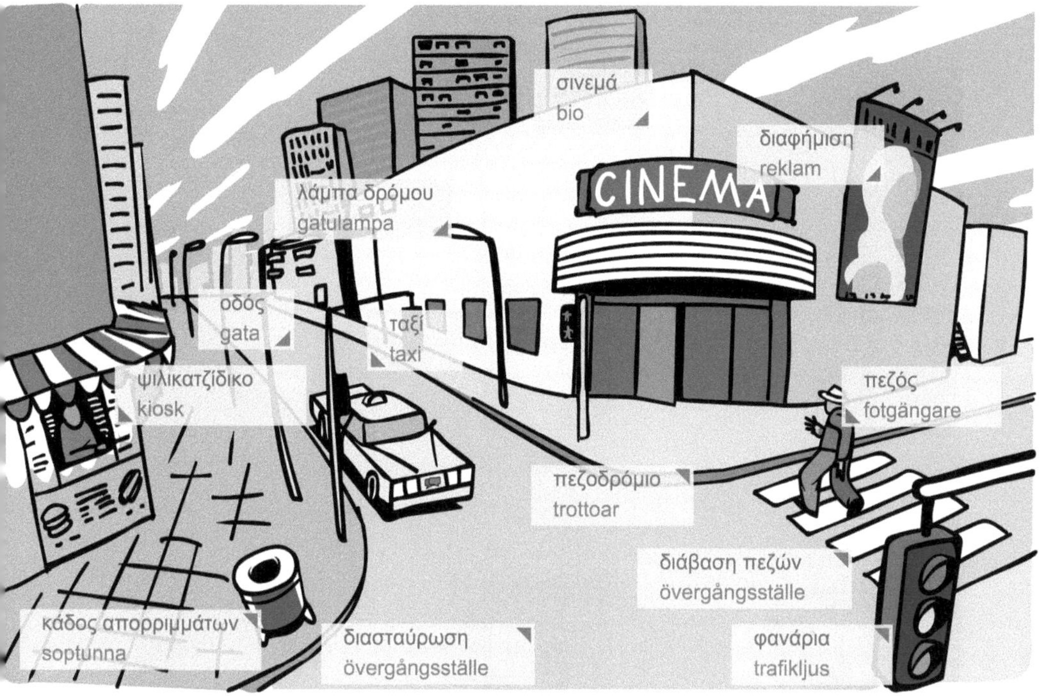

σινεμά
bio

διαφήμιση
reklam

λάμπα δρόμου
gatulampa

CINEMA

οδός
gata

ταξί
taxi

ψιλικατζίδικο
kiosk

πεζός
fotgängare

πεζοδρόμιο
trottoar

διάβαση πεζών
övergångsställe

κάδος απορριμμάτων
soptunna

διασταύρωση
övergångsställe

φανάρια
trafikljus

καλύβα
stuga

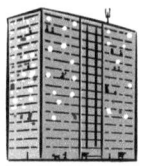

διαμέρισμα
lägenhet

σιδηροδρομικός σταθμός
tågstation

δημαρχείο
stadshus

μουσείο
museum

σχολείο
skola

πανεπιστήμιο

universitet

τράπεζα

bank

νοσοκομείο

sjukhus

ξενοδοχείο

hotell

φαρμακείο

apotek

γραφείο

kontor

βιβλιοπωλείο

bokhandel

κατάστημα

affär

ανθοπωλείο

blomsterbutik

σούπερ μάρκετ

stormarknad

αγορά

marknad

πολυκατάστημα

varuhus

ιχθυοπωλείο

fiskhandlare

εμπορικό κέντρο

köpcentrum

λιμάνι

hamn

πάρκο
park

παγκάκι
bänk

γέφυρα
brygga

σκάλες
trappa

μετρό
tunnelbana

τούνελ
tunnel

στάση λεωφορείου
busshållplats

μπαρ
bar

εστιατόριο
restaurang

γραμματοκιβώτιο
brevlåda

πινακίδα δρόμου
gatuskylt

παρκόμετρο
parkeringsautomat

ζωολογικός κήπος
zoo

πισίνα
simbassäng

τζαμί
moské

αγρόκτημα
bondgård

ρύπανση
förorening

νεκροταφείο
kyrkogård

εκκλησία
kyrka

παιδική χαρά
lekplats

ναός
tempel

τοπίο
landskap

φύλλο
löv

πινακίδα κατεύθυνσης
vägskylt

δρόμος
väg

λιβάδι
äng

πέτρα
sten

δέντρο
träd

πεζοπόρος
liftare

ποτάμι
flod

χορτάρι
gräs

λουλούδι
blomma

κοιλάδα

dal

λόφος

kulle

λίμνη

sjö

δάσος

skog

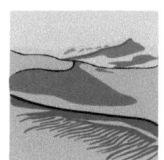

έρημος

öken

ηφαίστειο

vulkan

κάστρο

slott

ουράνιο τόξο

regnbåge

μανιτάρι

svamp

φοίνικας

palm

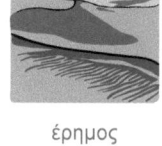

κουνούπι

mygga

μύγα

fluga

μυρμήγκι

myra

μέλισσα

bi

αράχνη

spindel

σκαθάρι

skalbagge

βάτραχος

groda

σκίουρος

ekorre

σκαντζόχοιρος

igelkott

λαγός

hare

κουκουβάγια

uggla

πουλί

fågel

κύκνος

svan

αγριογούρουνο

vildsvin

ελάφι

rådjur

άλκη

älg

φράγμα

damm

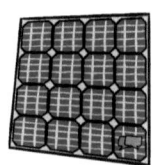

ανεμογεννήτρια

vindkraftverk

ηλιακός συλλέκτης

solcellspanel

κλίμα

klimat

εστιατόριο
restaurang

σερβιτόρος
servitör
κατάλογος
meny
καρέκλα
stol
σούπα
soppa
πίτσα
pizza
μαχαιροπίρουνα
bestick
τραπεζομάντιλο
bordsduk

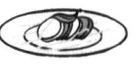

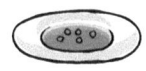

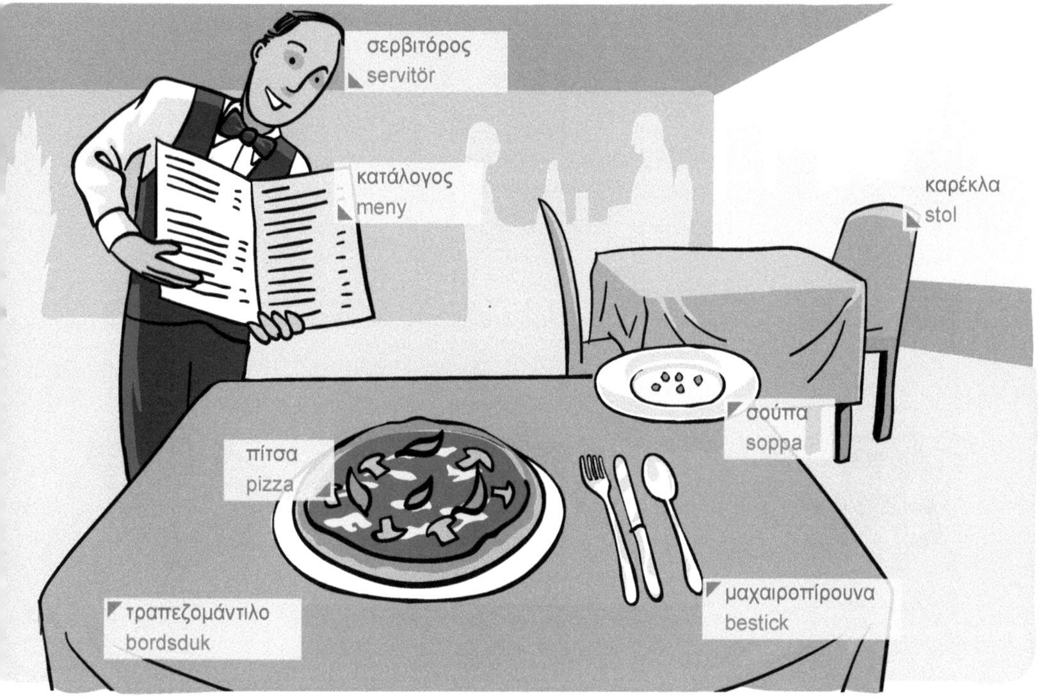

ορεκτικό

förrätt

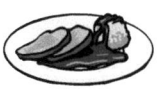

κύριο πιάτο

huvudrätt

επιδόρπιο

dessert

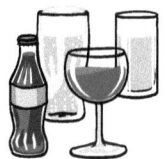

ποτά

drycker

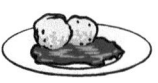

φαγητό

mat

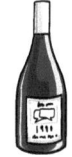

μπουκάλι

flaska

φαστ φουντ

snabbmat

φαγητό στ' όρθιο

street food

τσαγιέρα

tekanna

δοχείο ζάχαρης

sockerskål

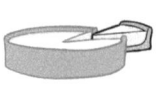

μερίδα

portion

μηχανή εσπρέσο

espressomaskin

ψηλή καρέκλα

barnstol

λογαριασμός

räkning

δίσκος

bricka

μαχαίρι

kniv

πιρούνι

gaffel

κουτάλι

sked

κουταλάκι του τσαγιού

tesked

πετσέτα φαγητού

servett

ποτήρι

glas

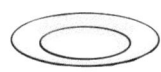

πιάτο

tallrik

πιάτο σούπας

sopptallrik

πιατάκι φλιτζανιού

tefat

σάλτσα

sås

αλατιέρα

saltkar

μύλος για πιπέρι

pepparkvarn

ξύδι

vinäger

λάδι

olja

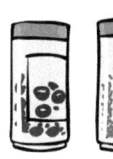

μπαχαρικά

kryddor

κέτσαπ

ketchup

μουστάρδα

senap

μαγιονέζα

majonnäs

σούπερ μάρκετ
stormarknad

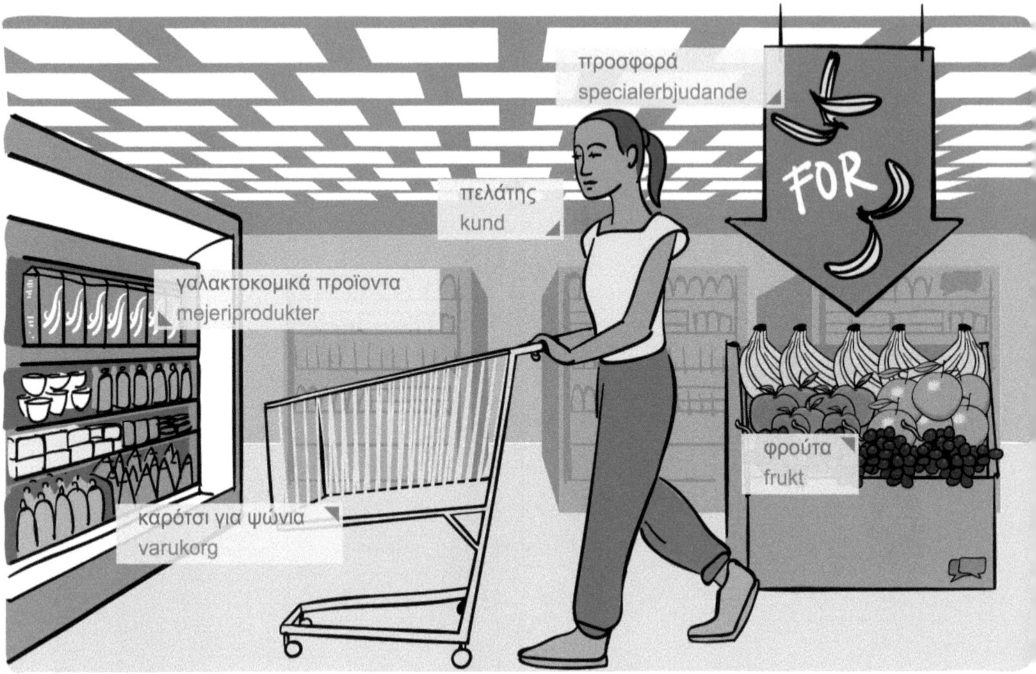

προσφορά
specialerbjudande
FOR
πελάτης
kund
γαλακτοκομικά προϊόντα
mejeriprodukter
φρούτα
frukt
καρότσι για ψώνια
varukorg

BUTCHERS

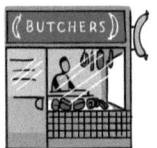

κρεοπωλείο

charkuteri

BAKERY

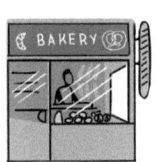

φούρνος

bageri

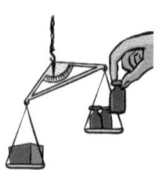

ζυγίζω

väga

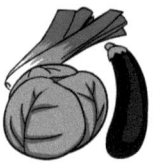

λαχανικά

grönsaker

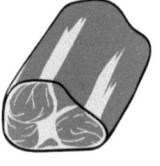

κρέας

kött

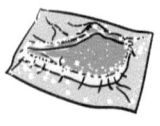

κατεψυγμένα τρόφιμα

frysta livsmedel

αλλαντικά
pålägg

κονσερβοποιημένη τροφή
konserver

απορρυπαντικό ρούχων
tvättmedel

γλυκά
godis

οικιακά είδη
hushållsprodukter

καθαριστικά προϊόντα
rengöringsmedel

πωλήτρια
försäljare

ταμείο
kassa

ταμίας
kassör

λίστα για ψώνια
inköpslista

ωράριο λειτουργίας
öppettider

πορτοφόλι
plånbok

πιστωτική κάρτα
kreditkort

τσάντα
väska

πλαστική σακούλα
plastpåse

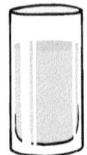

νερό

vatten

χυμός

juice

γάλα

mjölk

κόκα κόλα

cola

κρασί

vin

μπίρα

öl

αλκοόλ

alkohol

κακάο

kakao

τσάι

te

καφές

kaffe

εσπρέσο

espresso

καπουτσίνο

cappuccino

μπανάνα

banan

μήλο

äpple

πορτοκάλι

apelsin

πεπόνι

melon

λεμόνι

citron

καρότο

morot

σκόρδο

vitlök

μπαμπού

bambu

κρεμμύδι

lök

μανιτάρι

svamp

ξηροί καρποί

nötter

νουντλς

nudlar

μακαρόνια

spaghetti

ρύζι

ris

σαλάτα

sallad

πατατάκια

pommes frites

τηγανητές πατάτες

stekt potatis

πίτσα

pizza

χάμπουργκερ

hamburgare

σάντουιτς

smörgås

κοτολέτα

schnitzel

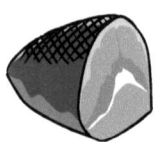

ζαμπόν

skinka

σαλάμι

salami

λουκάνικο

korv

κοτόπουλο

kyckling

ψητό

stek

ψάρι

fisk

χυλός βρώμης

havregryn

μούσλι

müsli

κορν φλέικς

cornflakes

αλεύρι

mjöl

κρουασάν

croissant

ψωμάκι

fralla

ψωμί

bröd

τοστ

rostat bröd

μπισκότα

kex

βούτυρο

smör

τυρόπηγμα

kvarg

κέικ

kaka

αυγό

ägg

τηγανητό αυγό

stekt ägg

τυρί

ost

παγωτό

glass

ζάχαρη

socker

μέλι

honung

μαρμελάδα

sylt

άλλειμμα σοκολάτας

nougatkräm

κάρυ

curry

αγρόκτημα
bondgård

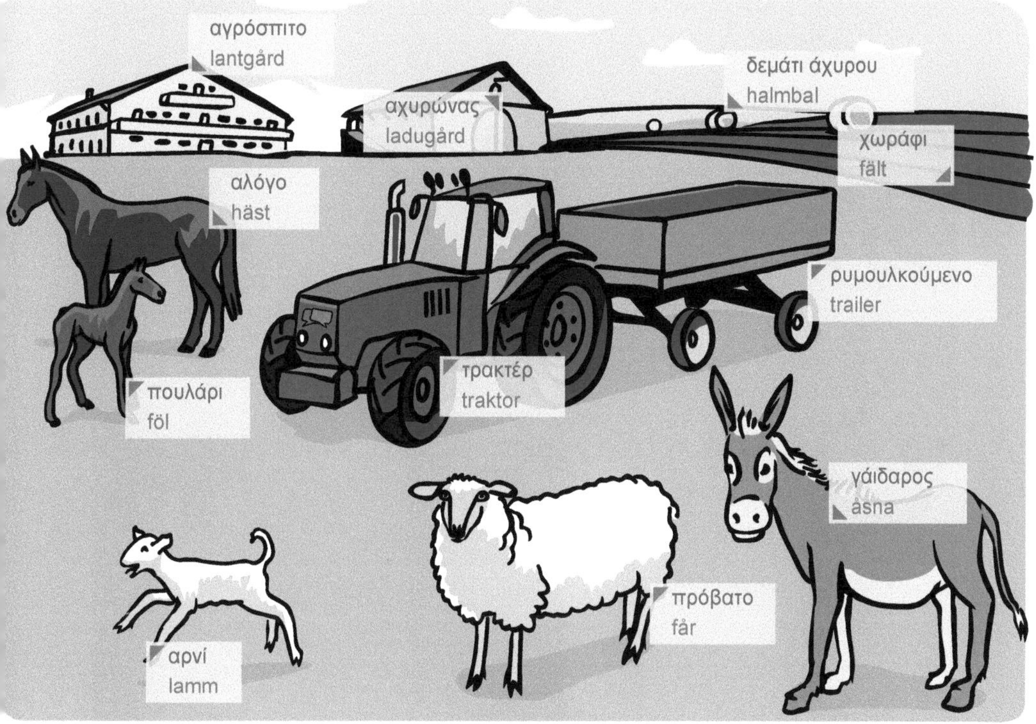

αγρόσπιτο
lantgård
δεμάτι άχυρου
halmbal
αχυρώνας
ladugård
χωράφι
fält
αλόγο
häst
ρυμουλκούμενο
trailer
τρακτέρ
traktor
πουλάρι
föl
γάιδαρος
åsna
πρόβατο
får
αρνί
lamm

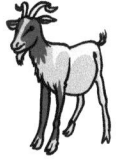

κατσίκα

get

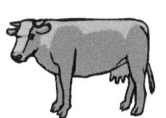

αγελάδα

ko

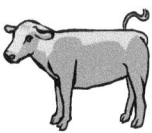

μοσχαράκι

kalv

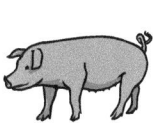

γουρούνι

gris

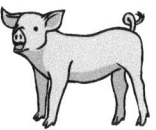

γουρουνάκι

griskulting

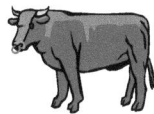

ταύρος

tjur

χήνα

gås

πάπια

anka

κοτοπουλάκι

kyckling

κότα

höna

κόκορας

tupp

αρουραίος

råtta

γάτα

katt

ποντίκι

mus

βόδι

oxe

σκύλος

hund

σπιτάκι σκύλου

hundkoja

λάστιχο κήπου

trädgårdsslang

ποτιστήρι

vattenkanna

θεριστήρι

lie

αλέτρι

plog

δρεπάνι

skära

τσάπα

hacka

δίκρανο

högaffel

τσεκούρι

yxa

χειράμαξα

skottkärra

ταΐστρα

tråg

δοχείο γάλακτος

mjölkflaska

σάκος

säck

φράχτης

staket

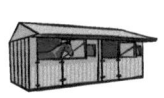

στάβλος

stall

θερμοκήπιο

växthus

έδαφος

jord

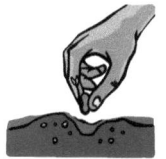

σπόρος

säd

λίπασμα

gödsel

θεριζοαλωνιστική μηχανή

skördetröska

αγρόκτημα - bondgård

θερίζω

skörda

συγκομιδή

skörd

γιαμς

jams

σιτάρι

vete

σόγια

soja

πατάτα

potatis

καλαμπόκι

majs

κράμβη

raps

οπωροφόρο δέντρο

fruktträd

μανιόκα

maniok

δημητριακά

spannmål

σπίτι
hus

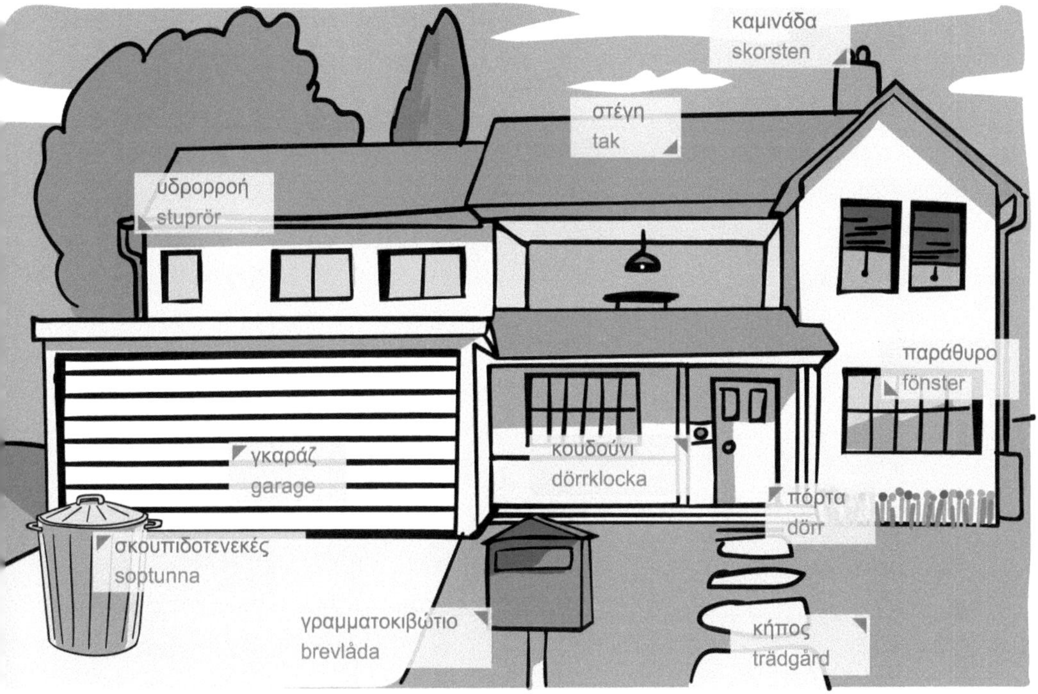
καμινάδα
skorsten
στέγη
tak
υδρορροή
stuprör
παράθυρο
fönster
γκαράζ
garage
κουδούνι
dörrklocka
πόρτα
dörr
σκουπιδοτενεκές
soptunna
γραμματοκιβώτιο
brevlåda
κήπος
trädgård

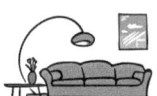

σαλόνι

vardagsrum

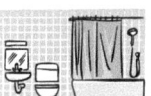

μπάνιο

badrum

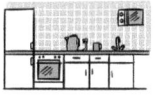

κουζίνα

kök

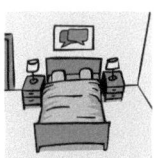

υπνοδωμάτιο

sovrum

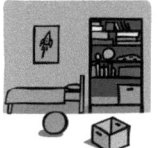

παιδικό δωμάτιο

barnrum

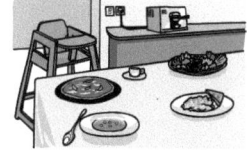

τραπεζαρία

matsal

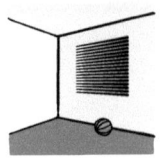

πάτωμα

golv

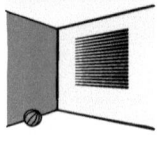

τοίχος

vägg

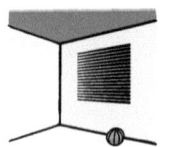

οροφή

tak

κελάρι

källare

σάουνα

bastu

μπαλκόνι

balkong

βεράντα

terrass

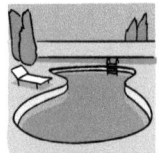

πισίνα

bassäng

μηχανή του γκαζόν

gräsklippare

σεντόνι

lakan

κάλυμμα κρεβατιού

överkast

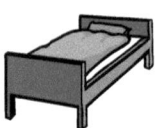

κρεβάτι

säng

σκούπα

kvast

κουβάς

hink

διακόπτης

strömbrytare

σαλόνι
vardagsrum

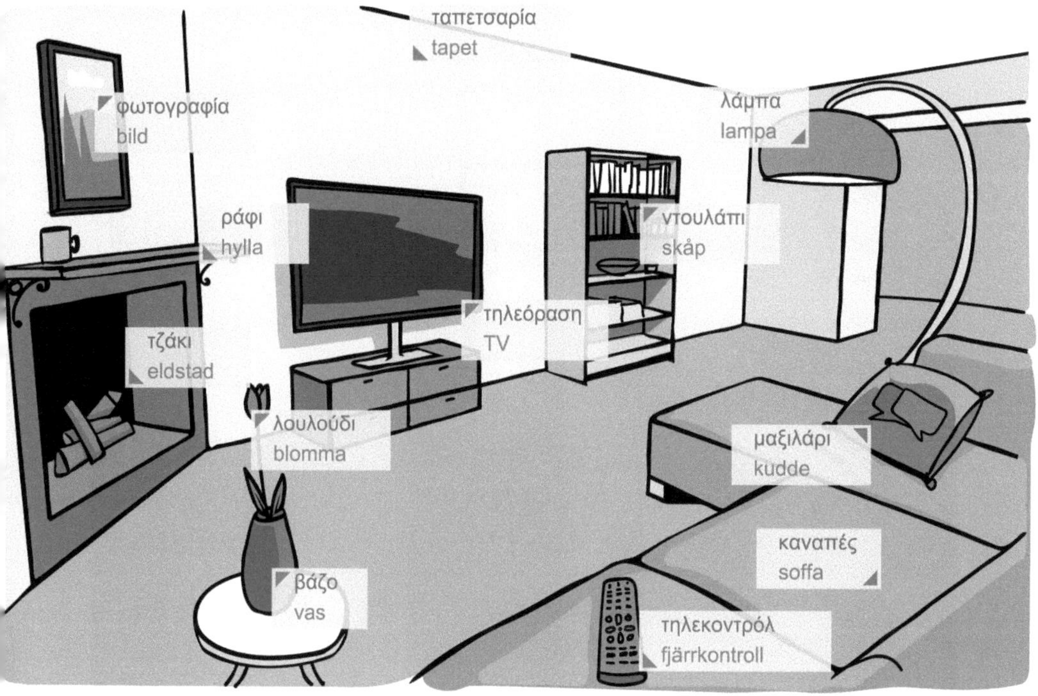
ταπετσαρία
tapet
φωτογραφία
bild
λάμπα
lampa
ράφι
hylla
ντουλάπι
skåp
τηλεόραση
TV
τζάκι
eldstad
λουλούδι
blomma
μαξιλάρι
kudde
καναπές
soffa
βάζο
vas
τηλεκοντρόλ
fjärrkontroll

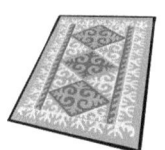

χαλί

matta

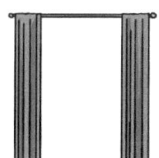

κουρτίνα

gardin

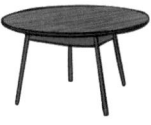

τραπέζι

bord

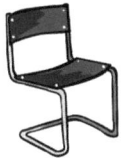

καρέκλα

stol

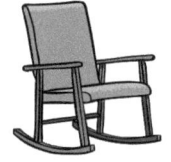

κουνιστή πολυθρόνα

gungstol

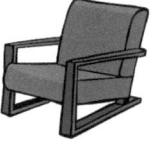

πολυθρόνα

fåtölj

βιβλίο

bok

κουβέρτα

filt

διακόσμηση

dekoration

καυσόξυλα

vedträ

ταινία

film

στερεοφωνικό σύστημα

stereoanläggning

κλειδί

nyckel

εφημερίδα

dagstidning

πίνακας ζωγραφικής

målning

αφίσα

poster

ραδιόφωνο

radio

σημειωματάριο

anteckningsbok

ηλεκτρική σκούπα

dammsugare

κάκτος

kaktus

κερί

stearinljus

κουζίνα
kök

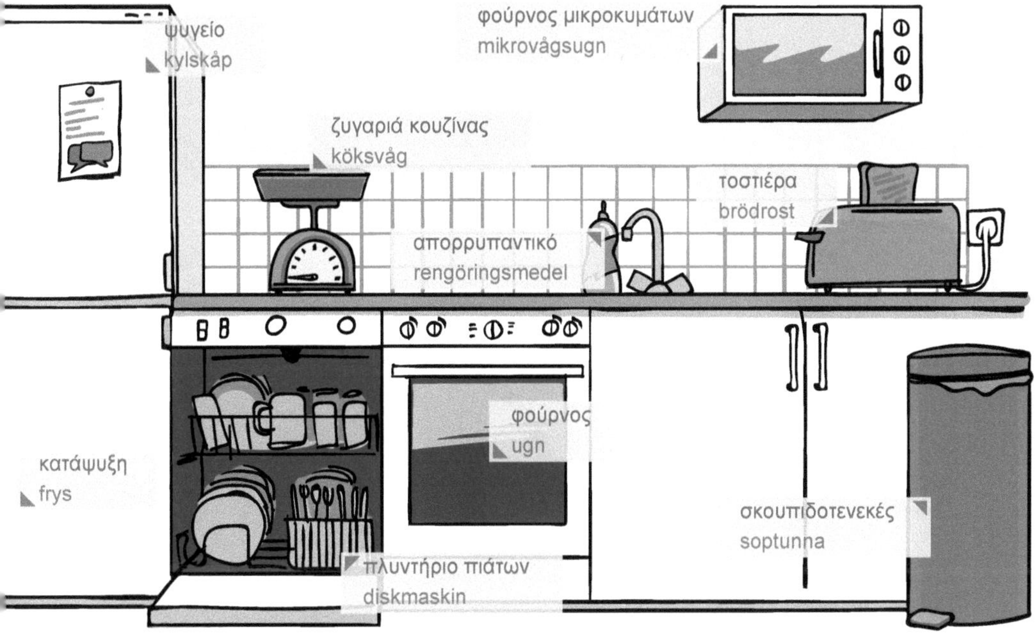

ψυγείο
kylskåp
φούρνος μικροκυμάτων
mikrovågsugn
ζυγαριά κουζίνας
köksvåg
τοστιέρα
brödrost
απορρυπαντικό
rengöringsmedel
φούρνος
ugn
κατάψυξη
frys
σκουπιδοτενεκές
soptunna
πλυντήριο πιάτων
diskmaskin

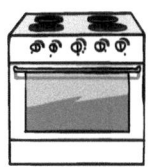

κουζίνα
spis

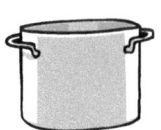

κατσαρόλα
kastrull

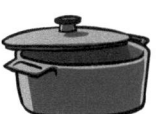

μαντεμένια κατσαρόλα
järngryta

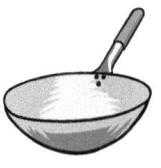

γουόκ/καντάι
wok / kadai

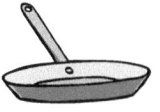

τηγάνι
stekpanna

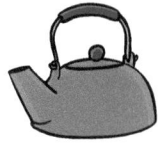

βραστήρας
vattenkokare

ατμομάγειρας

ångkokare

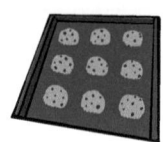

ταψί

bakplåt

πιατικά

porslin

κούπα

mugg

μπολ

skål

ξυλάκια

ätpinnar

κουτάλα

soppslev

σπάτουλα

stekspade

ανακατεύω

visp

σουρωτήρι

durkslag

σουρωτηράκι

sil

τρίφτης

rivjärn

γουδί

mortel

ψησταριά

grill

ανοιχτή φωτιά

brasa

σανίδα κοπής

skärbräda

πλάστης

kavel

ανοιχτήρι φελλών

korkskruv

κονσέρβα

burk

ανοιχτήρι κονσέρβας

burköppnare

γάντι φούρνου

grytlapp

νεροχύτης

vask

βούρτσα

borste

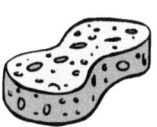

σφουγγάρι

svamp

μπλέντερ

mixer

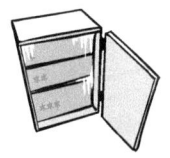

καταψύκτης

frys

μπιμπερό

nappflaska

βρύση

kran

μπάνιο
badrum

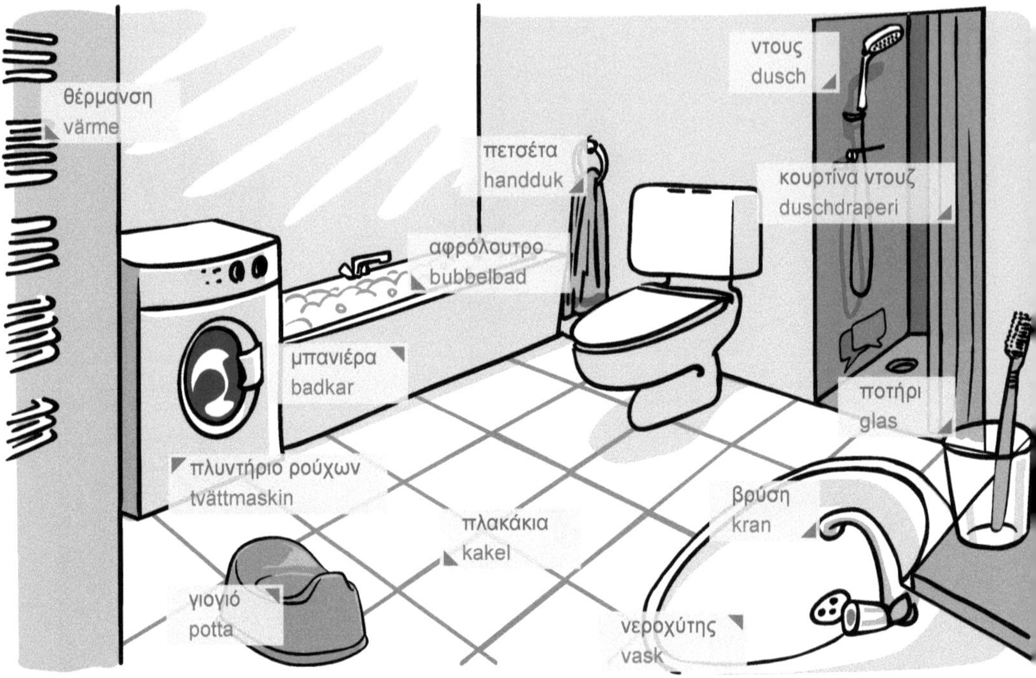

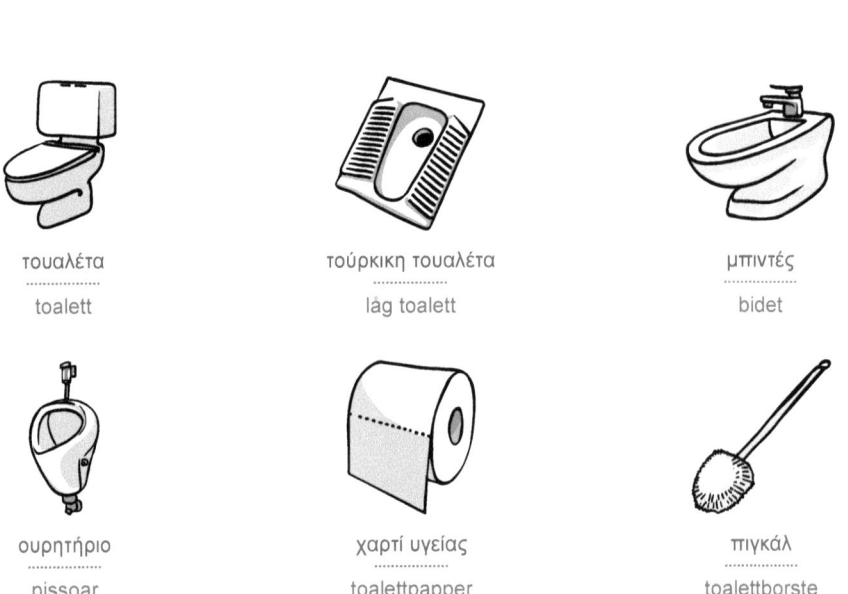

θέρμανση
värme
ντους
dusch
πετσέτα
handduk
κουρτίνα ντουζ
duschdraperi
αφρόλουτρο
bubbelbad
μπανιέρα
badkar
ποτήρι
glas
πλυντήριο ρούχων
tvättmaskin
βρύση
kran
πλακάκια
kakel
γιογιό
potta
νεροχύτης
vask

τουαλέτα

toalett

τούρκικη τουαλέτα

låg toalett

μπιντές

bidet

ουρητήριο

pissoar

χαρτί υγείας

toalettpapper

πιγκάλ

toalettborste

οδοντόβουρτσα

tandborste

οδοντόκρεμα

tandkräm

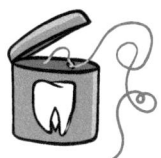

οδοντικό νήμα

tandtråd

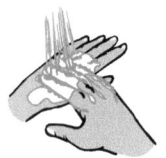

πλένω

tvätta

τηλέφωνο ντους

handdusch

ντουσιέρα

intimdusch

λεκάνη

handfat

βούρτσα πλάτης

ryggborste

σαπούνι

tvål

αφρόλουτρο

duschgel

σαμπουάν

schampo

φανέλα

trasa

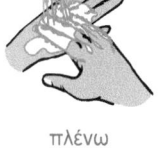

σιφόνι

avlopp

κρέμα

crème

αποσμητικό

deodorant

καθρέφτης

spegel

καθρέφτης χειρός

handspegel

ξυραφάκι

rakhyvel

αφρός ξυρίσματος

raklödder

αφτερσέιβ

rakvatten

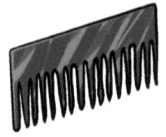

χτένα

kam

βούρτσα

borste

σεσουάρ

hårtork

λακ

hårspray

μακιγιάζ

smink

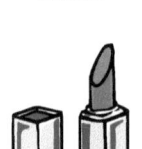

κραγιόν

läppstift

βερνίκι νυχιών

nagellack

βαμβάκι

bomullsvadd

ψαλίδι νυχιών

nagelsax

άρωμα

parfym

νεσεσέρ

necessär

σκαμπό

pall

ζυγαριά

våg

μπουρνούζι

badrock

ελαστικά γάντια

gummihandskar

ταμπόν

tampong

πετσέτα υγιεινής

binda

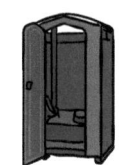

χημική τουαλέτα

kemisk toalett

παιδικό δωμάτιο
barnrum

ξυπνητήρι
väckarklocka
λούτρινο ζωάκι
gosedjur
αυτοκινητάκι
leksaksbil
κουδουνίστρα
skallra
κουκλόσπιτο
dockhus
δώρο
present

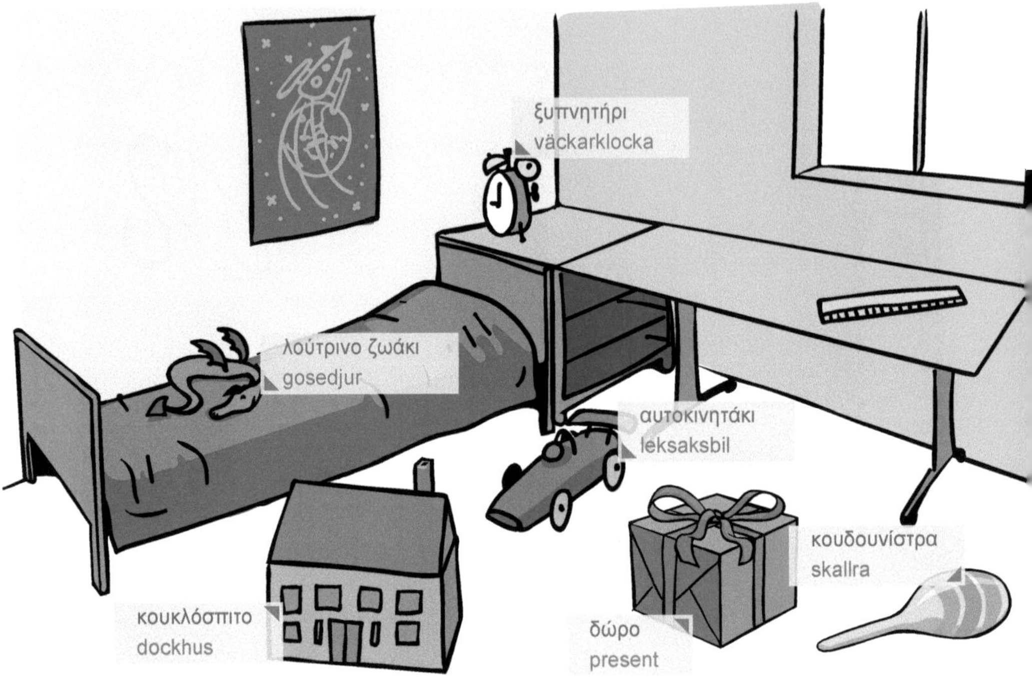

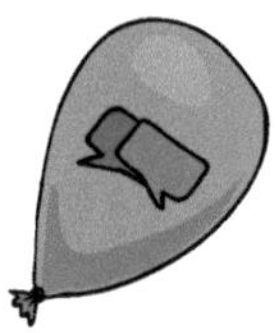

μπαλόνι
ballong

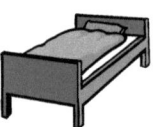

κρεβάτι
säng

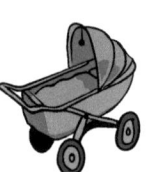

καροτσάκι
barnvagn

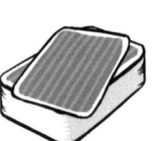

τράπουλα
kortlek

παζλ
pussel

SUPER
MEGA

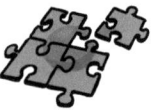

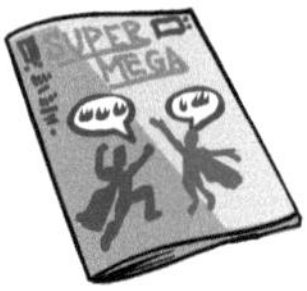

κόμικς
serietidning

τουβλάκια lego

legobitar

τουβλάκια κατασκευών

klossar

φιγούρα δράσης

actionfigur

βρεφικό φορμάκι

sparkdräkt

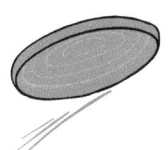

φρίσμπι

frisbee

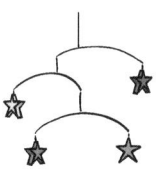

μόμπιλο

mobil

επιτραπέζιο παιχνίδι

brädspel

ζάρια

tärning

σετ τρενάκι

modelljärnväg

πιπίλα

napp

πάρτι

party

εικονογραφημένο βιβλίο

bilderbok

μπάλα

boll

κούκλα

docka

παίζω

spela

σκάμμα με άμμο

sandlåda

κούνια

gunga

παιχνίδια

leksaker

κονσόλα βιντεοπαιχνιδιών

spelkonsol

τρίκυκλο

trehjuling

αρκουδάκι

nalle

ντουλάπα

garderob

ρούχα
kläder

κάλτσες

sockar

καλτσοδέτες

strumpor

καλσόν

tights

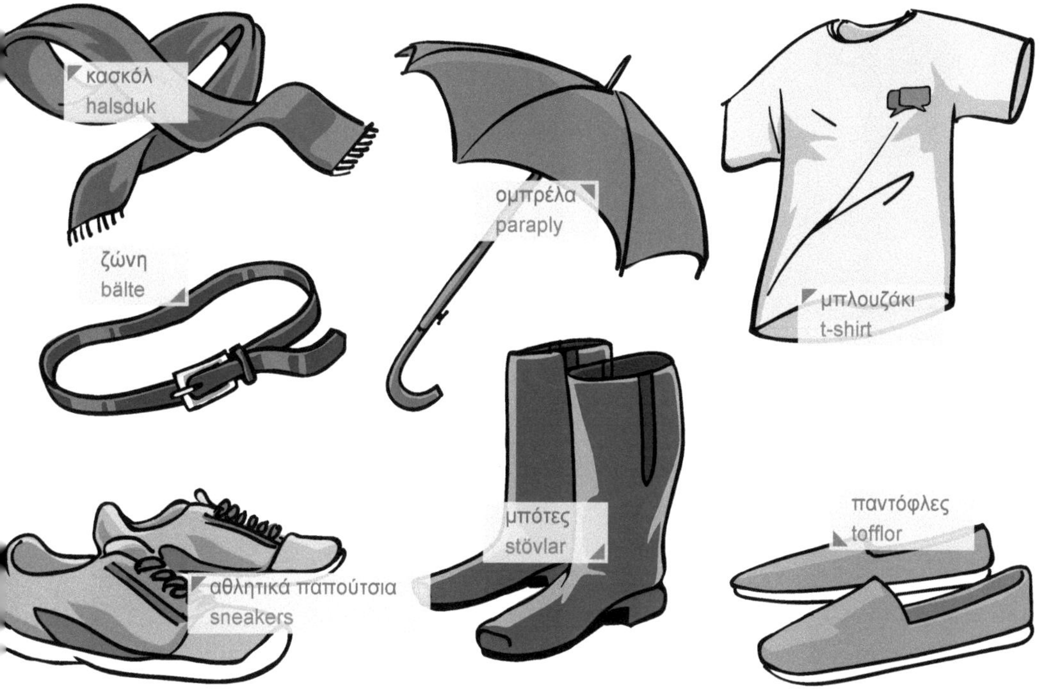

κασκόλ
halsduk

ομπρέλα
paraply

ζώνη
bälte

μπλουζάκι
t-shirt

μπότες
stövlar

παντόφλες
tofflor

αθλητικά παπούτσια
sneakers

σανδάλια
sandaler

παπούτσια
skor

γαλότσες
gummistövlar

εσώρουχο
underbyxor

σουτιέν
BH

φανέλα
linne

σώμα

body

παντελόνι

byxor

τζιν παντελόνι

jeans

φούστα

kjol

μπλούζα

blus

πουκάμισο

skjorta

πουλόβερ

pullover

πουλόβερ

sweater

σακάκι

blazer

μπουφάν

jacka

παλτό

kappa

αδιάβροχο πανωφόρι

regnjacka

κοστούμι

dräkt

φόρεμα

klänning

νυφικό

bröllopsklänning

κοστούμι
kostym

νυχτικό
nattlinne

πιτζάμες
pyjamas

σάρι
sari

μαντήλι
slöja

τουρμπάνι
turban

μπούρκα
burka

καφτάνι
kaftan

μουσουλμανικό ένδυμα
abaya

ολόσωμο μαγιό
baddräkt

ανδρικό μαγιό
badbyxor

σορτς
shorts

αθλητική φόρμα
träningsoverall

ποδιά
förkläde

γάντια
handskar

κουμπί

knapp

γυαλιά

glasögon

βραχιόλι

armband

περιδέραιο

halsband

δαχτυλίδι

ring

σκουλαρίκι

örhänge

καπέλο

mössa

κρεμάστρα

galge

καπέλο

hatt

γραβάτα

slips

φερμουάρ

dragkedja

κράνος

hjälm

τιράντες

hängslen

μαθητική στολή

skoluniform

στολή

uniform

σαλιάρα

haklapp

πιπίλα

napp

πάνα

blöja

γραφείο
kontor

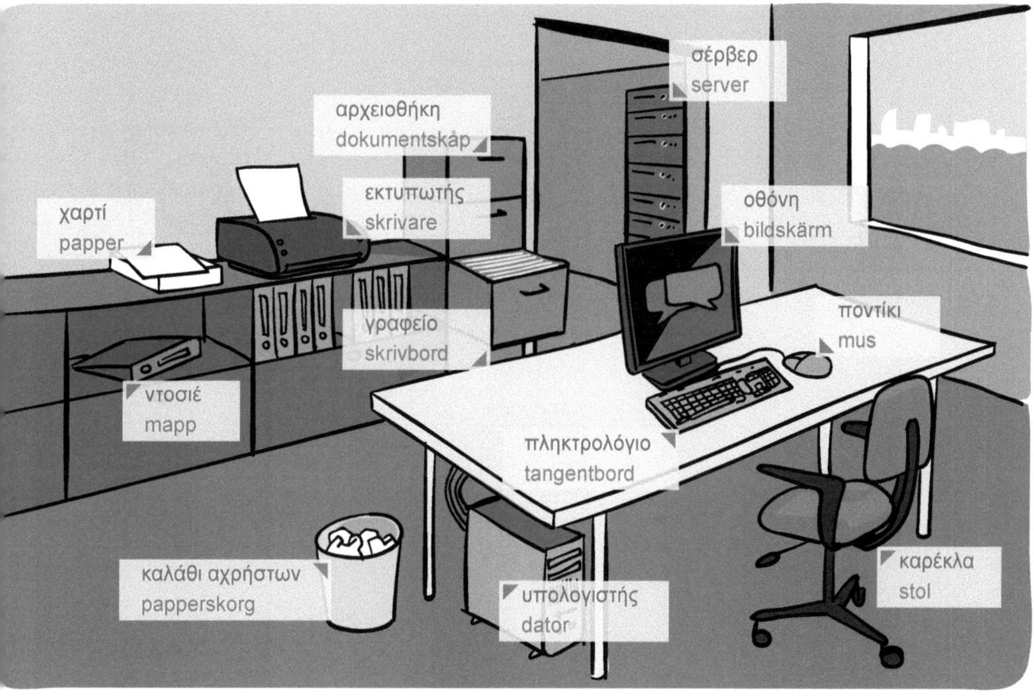

σέρβερ
server

αρχειοθήκη
dokumentskåp

εκτυπωτής
skrivare

οθόνη
bildskärm

χαρτί
papper

γραφείο
skrivbord

ποντίκι
mus

ντοσιέ
mapp

πληκτρολόγιο
tangentbord

καλάθι αχρήστων
papperskorg

υπολογιστής
dator

καρέκλα
stol

κούπα του καφέ

kaffemugg

κομπιουτεράκι

miniräknare

ίντερνετ

internet

λάπτοπ

bärbar dator

γράμμα

brev

μήνυμα

meddelande

κινητό

mobiltelefon

δίκτυο

nätverk

φωτοτυπικό μηχάνημα

kopieringsapparat

λογισμικό

programvara

τηλέφωνο

telefon

πρίζα

vägguttag

συσκευή φαξ

fax

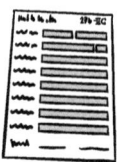

έντυπο

blankett

έγγραφο

dokument

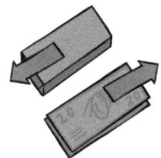

αγοράζω
köpa

πληρώνω
betala

συναλλάσσομαι
handla

χρήματα
pengar

USD

δολάριο
dollar

EUR

ευρώ
euro

JPY

γιεν
yen

RUB

ρούβλι
rubel

CHF

ελβετικό φράγκο
schweizisk franc

CNY

ρενμίνμπι γιουάν
renminbi yan

INR

ρουπία
rupie

ATM (αυτόματη ταμειακή μηχανή)
bankomat

ανταλλακτήρια
συναλλάγματος

växelkontor

χρυσός

guld

ασήμι

silver

πετρέλαιο

olja

ενέργεια

energi

τιμή

pris

συμβόλαιο

kontrakt

φόρος

skatt

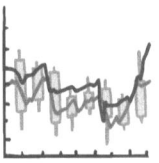

μετοχή

aktie

δουλεύω

arbeta

υπάλληλος

anställd

εργοδότης

arbetsgivare

εργοστάσιο

fabrik

κατάστημα

affär

επαγγέλματα
yrken

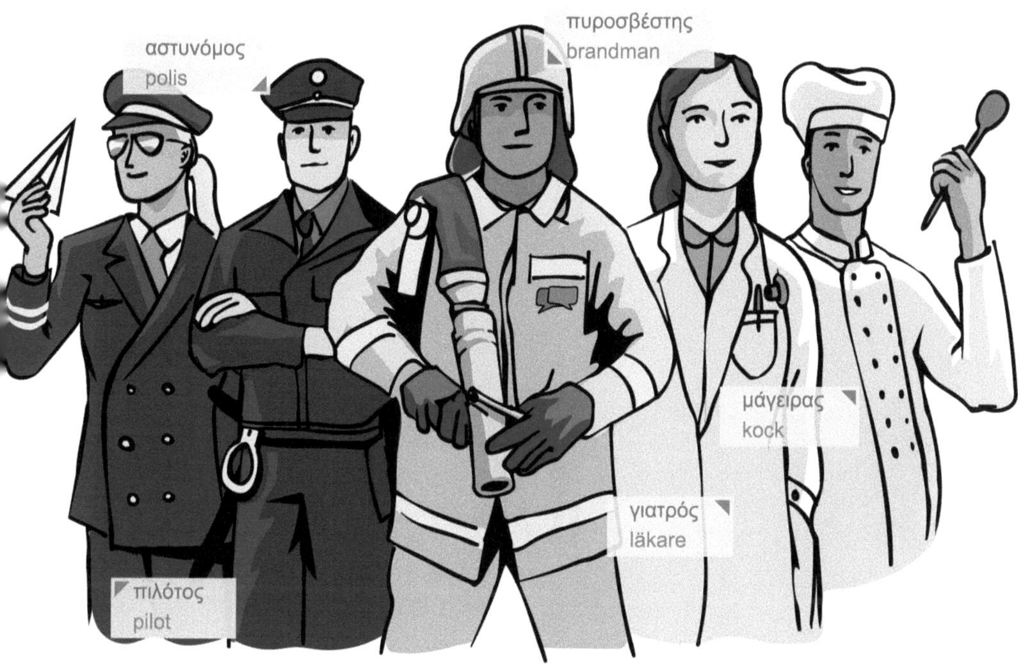
πυροσβέστης
brandman
αστυνόμος
polis
μάγειρας
kock
γιατρός
läkare
πιλότος
pilot

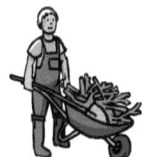

κηπουρός

trädgårdsmästare

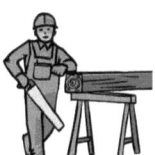

ξυλουργός

snickare

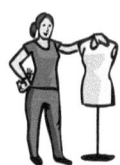

μοδίστρα

sömmerska

δικαστής

domare

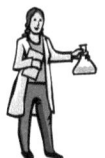

χημικός

kemist

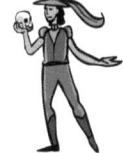

ηθοποιός

skådespelare

οδηγός λεωφορείου

busschaufför

ταξιτζής

taxichaufför

ψαράς

fiskare

καθαρίστρια

städerska

τεχνίτης στεγών

takläggare

σερβιτόρος

servitör

κυνηγός

jägare

ζωγράφος

målare

αρτοποιός

bagare

ηλεκτρολόγος

elektriker

οικοδόμος

byggarbetare

μηχανολόγος

ingenjör

κρεοπώλης

slaktare

υδραυλικός

rörmokare

ταχυδρόμος

brevbärare

στρατιώτης

soldat

αρχιτέκτονας

arkitekt

ταμίας

kassör

ανθοπώλης

florist

κομμωτής

frisör

ελεγκτής εισιτηρίων

konduktör

μηχανικός

mekaniker

καπετάνιος

kapten

οδοντίατρος

tandläkare

επιστήμονας

vetenskapsman

ραβίνος

rabbin

ιμάμης

imam

μοναχός

munk

ιερέας

präst

εργαλεία

verktyg

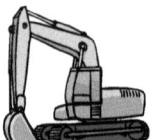

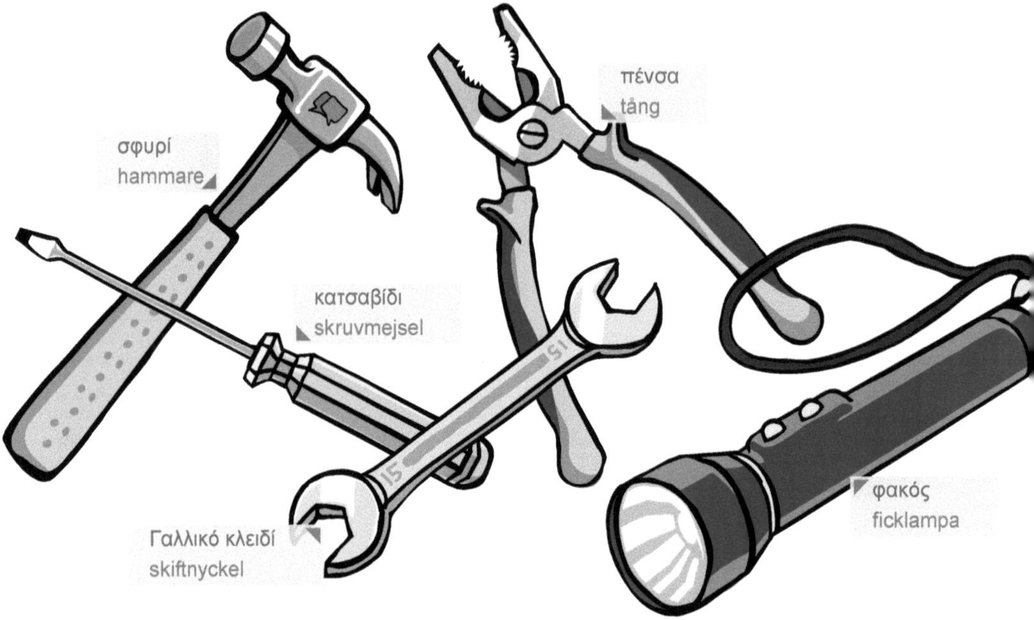
πένσα
tång
σφυρί
hammare
κατσαβίδι
skruvmejsel
Γαλλικό κλειδί
skiftnyckel
φακός
ficklampa

εκσκαφέας

grävmaskin

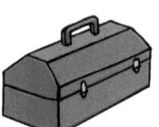

εργαλειοθήκη

verktygslåda

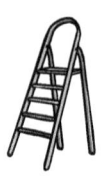

σκάλα

stege

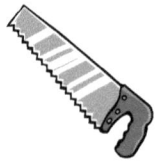

πριόνι

såg

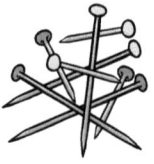

καρφιά

spik

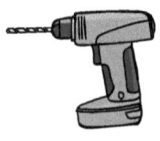

τρυπάνι

borr

επισκευάζω

reparera

φτυάρι

spade

Να πάρει!

Helvete!

φαράσι

sopskyffel

δοχείο χρωμάτων

färgburk

βίδες

skruvar

μουσικά όργανα
musikinstrument

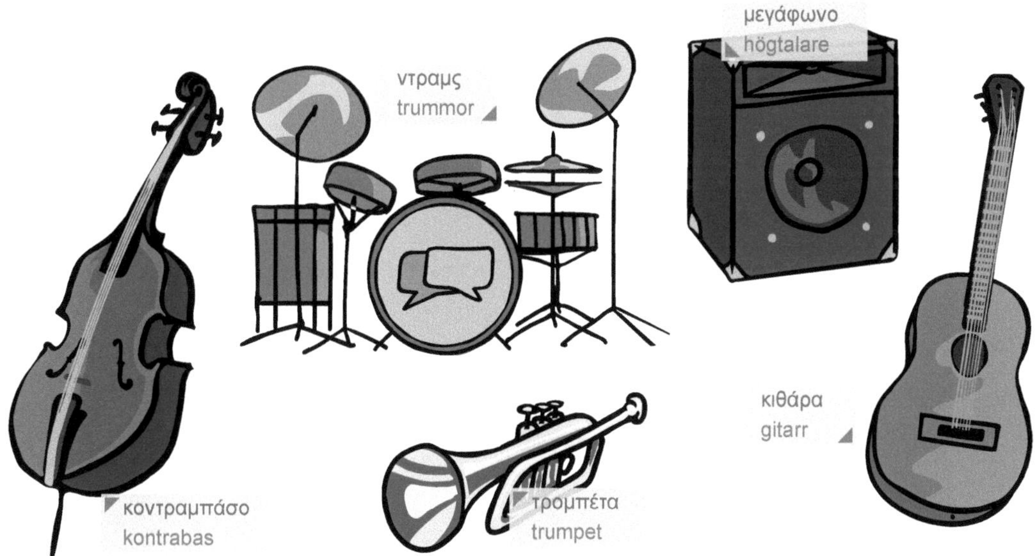

ντραμς
trummor

μεγάφωνο
högtalare

κιθάρα
gitarr

κοντραμπάσο
kontrabas

τρομπέτα
trumpet

πιάνο

piano

βιολί

violin

μπάσο

bas

τύμπανα

timpani

τύμπανο

trumma

πλήκτρα

keyboard

σαξόφωνο

saxofon

φλάουτο

flöjt

μικρόφωνο

mikrofon

ζωολογικός κήπος

zoo

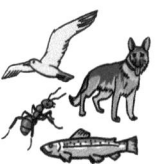

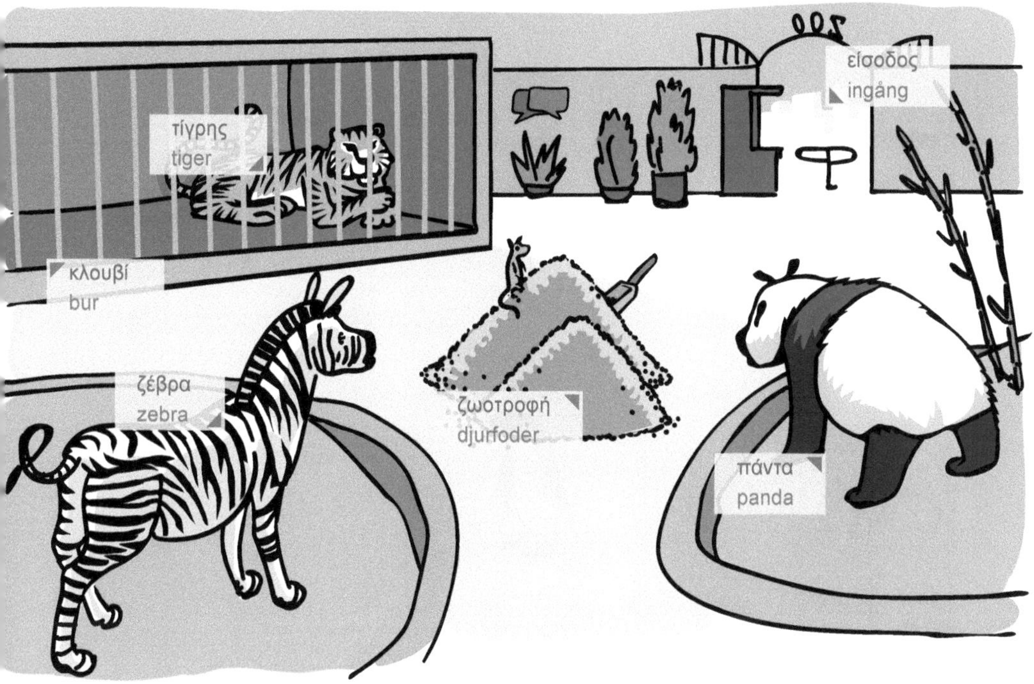

τίγρης
tiger
κλουβί
bur
ζέβρα
zebra
ζωοτροφή
djurfoder
είσοδος
ingång
πάντα
panda

ζώα
djur

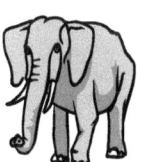

ελέφαντας
elefant

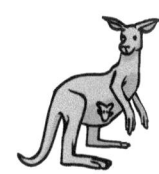

καγκουρό
känguru

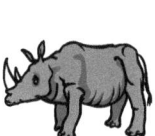

ρινόκερος
noshörning

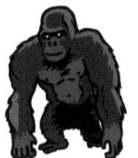

γορίλας
gorilla

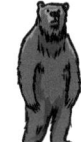

αρκούδα
björn

καμήλα

kamel

στρουθοκάμηλος

struts

λιοντάρι

lejon

πίθηκος

apa

φλαμίνγκο

flamingo

παπαγάλος

papegoja

πολική αρκούδα

isbjörn

πιγκουίνος

pingvin

καρχαρίας

haj

παγώνι

påfågel

φίδι

orm

κροκόδειλος

krokodil

φύλακας ζωολογικού κήπου

djurskötare

φώκια

säl

τζάγκουαρ

jaguar

πόνυ

ponny

λεοπάρδαλη

leopard

ιπποπόταμος

flodhäst

καμηλοπάρδαλη

giraff

αετός

örn

αγριογούρουνο

vildsvin

ψάρι

fisk

χελώνα

sköldpadda

θαλάσσιος ίππος

valross

αλεπού

räv

γαζέλα

gazell

Αμερικάνικο ποδόσφαιρο
amerikansk fotboll

ποδηλασία
cykling

αντισφαίριση
tennis

μπάσκετ
basket

κολύμβηση
simning

πυγμαχία
boxning

χόκεϋ επί πάγου
ishockey

ποδόσφαιρο
fotboll

μπάντμιντον
badminton

στίβος
friidrott

χάντμπολ
handboll

σκι
skidåkning

πόλο
polo

δραστηριότητες
aktiviteter

γελάω
skratta
πηδάω
hoppa
αγκαλιάζω
krama
περπατάω
gå
τραγουδάω
sjunga
ονειρεύομαι
drömma
προσεύχομαι
be
φιλάω
kyssa

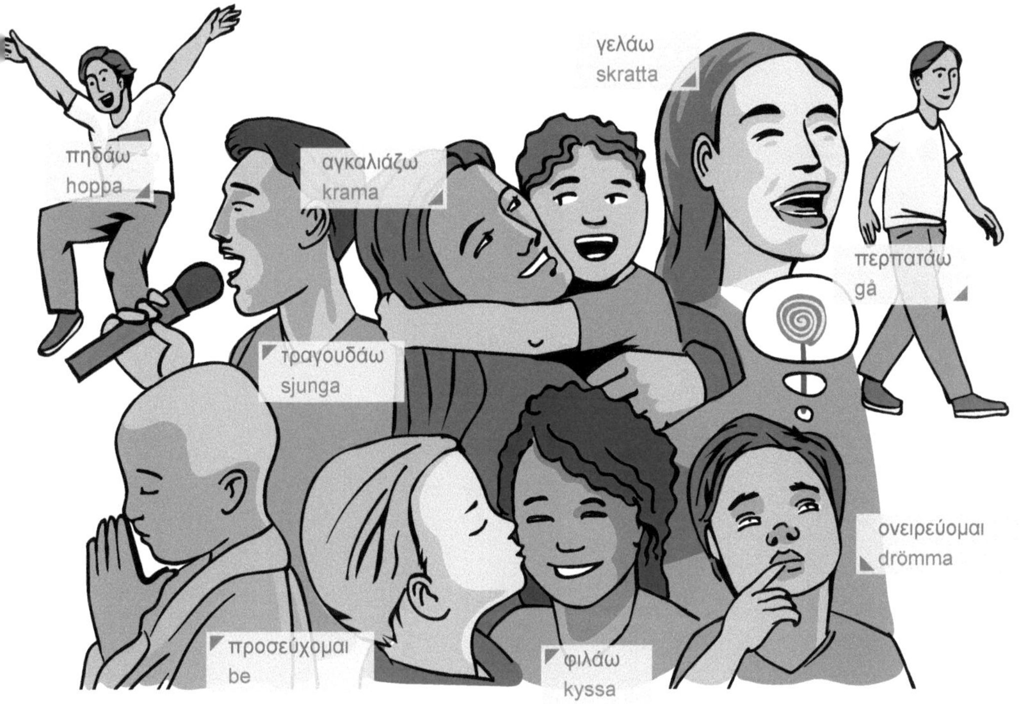

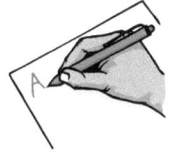

γράφω
skriva

σχεδιάζω
rita

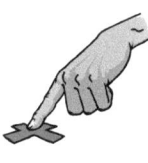

δείχνω
visa

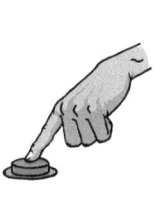

πιέζω
skjuta

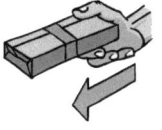

δίνω
ge

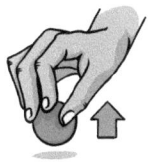

παίρνω
ta

έχω
hagel

κάνω
göra

είμαι
vara

στέκομαι
stå

τρέχω
springa

τραβάω
dra

ρίχνω
kasta

πέφτω
falla

ξαπλώνω
ligga

περιμένω
vänta

κουβαλώ
bära

κάθομαι
sitta

φοράω
klä på

κοιμάμαι
sova

ξυπνάω
vakna

κοιτάω

se på

κλαίω

gråta

χαϊδεύω

smeka

χτενίζω

kamma

μιλάω

prata

καταλαβαίνω

förstå

ρωτάω

fråga

ακούω

höra

πίνω

dricka

τρώω

äta

συγυρίζω

städa

αγαπάω

älska

μαγειρεύω

laga mat

οδηγώ

köra

πετάω

flyga

κάνω ιστιοπλοΐα

segla

υπολογίζω

räkna

διαβάζω

läsa

μαθαίνω

lära sig

δουλεύω

arbeta

παντρεύομαι

gifta sig

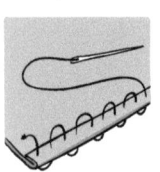

ράβω

sy

βουρτσίζω τα δόντια

borsta tänderna

σκοτώνω

döda

καπνίζω

röka

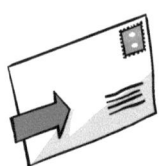

στέλνω

skicka

οικογένεια
familj

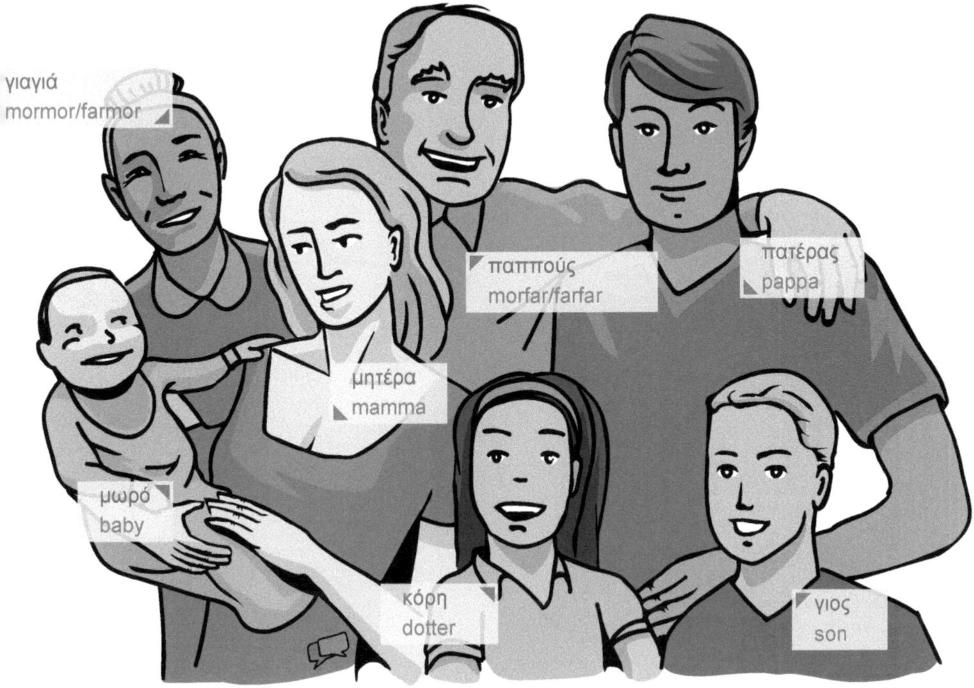
γιαγιά
mormor/farmor
παππούς
morfar/farfar
πατέρας
pappa
μητέρα
mamma
μωρό
baby
κόρη
dotter
γιος
son

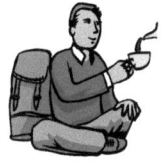

καλεσμένος

gäst

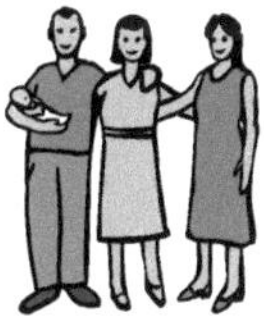

θεία

moster/faster

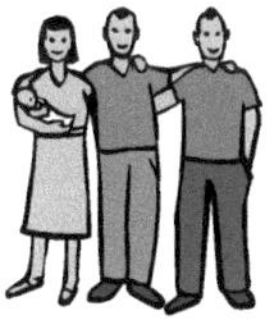

θείος

farbror/morbror

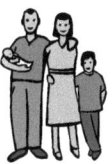

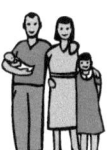

αδελφός

bror

αδελφή

syster

σώμα
kropp

μέτωπο
panna
μάτι
öga
ώμος
skuldra
δάχτυλο
finger
πρόσωπο
ansikte
πιγούνι
haka
χέρι
hand
πόδι
ben
στήθος
bröst
βραχίονας
arm

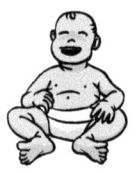

μωρό
baby

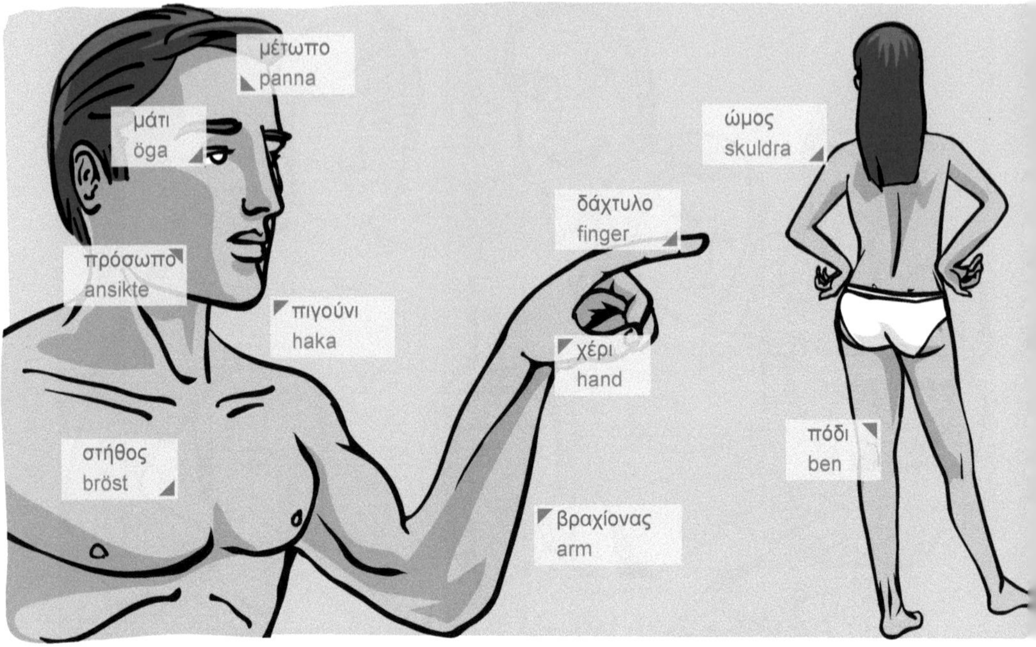

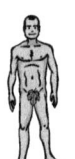

άνδρας
man

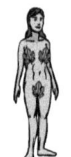

γυναίκα
kvinna

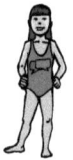

κορίτσι
flicka

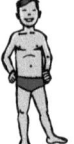

αγόρι
pojke

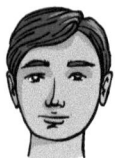

κεφάλι
huvud

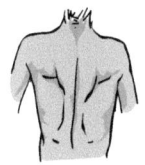

πλάτη

rygg

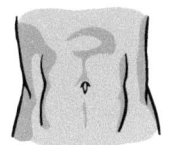

κοιλιά

mage

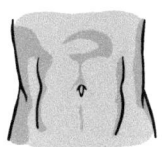

αφαλός

navel

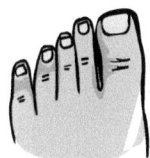

δάχτυλο ποδιού

tå

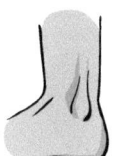

φτέρνα

häl

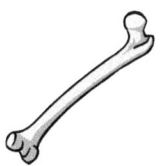

κόκκαλο

ben

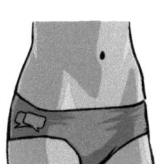

γοφός

höft

γόνατο

knä

αγκώνας

armbåge

μύτη

näsa

γλουτός

stjärt

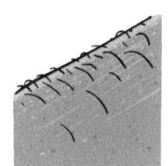

δέρμα

hud

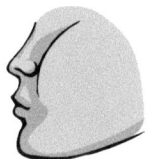

μάγουλο

kind

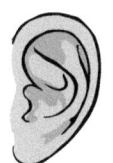

αυτί

öra

χείλος

läpp

στόμα

mun

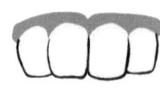

δόντι

tand

γλώσσα

tunga

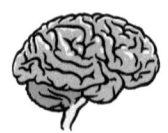

εγκέφαλος

hjärna

καρδιά

hjärta

μυς

muskel

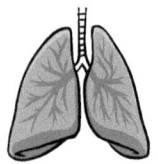

πνεύμονας

lunga

συκώτι

lever

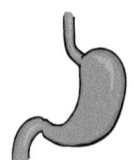

στομάχι

magsäck

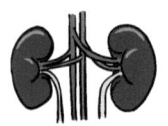

νεφρά

njurar

σεξουαλική επαφή

sex

προφυλακτικό

kondom

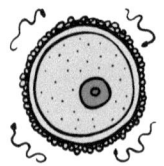

ωάριο

äggcell

σπέρμα

sperma

εγκυμοσύνη

graviditet

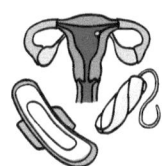

περίοδος

menstruation

γυναικείος κόλπος

vagina

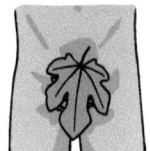

πέος

penis

φρύδι

ögonbryn

μαλλιά

hår

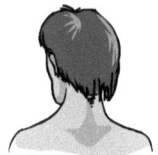

λαιμός

nacke

σώμα - kropp

νοσοκομείο
sjukhus

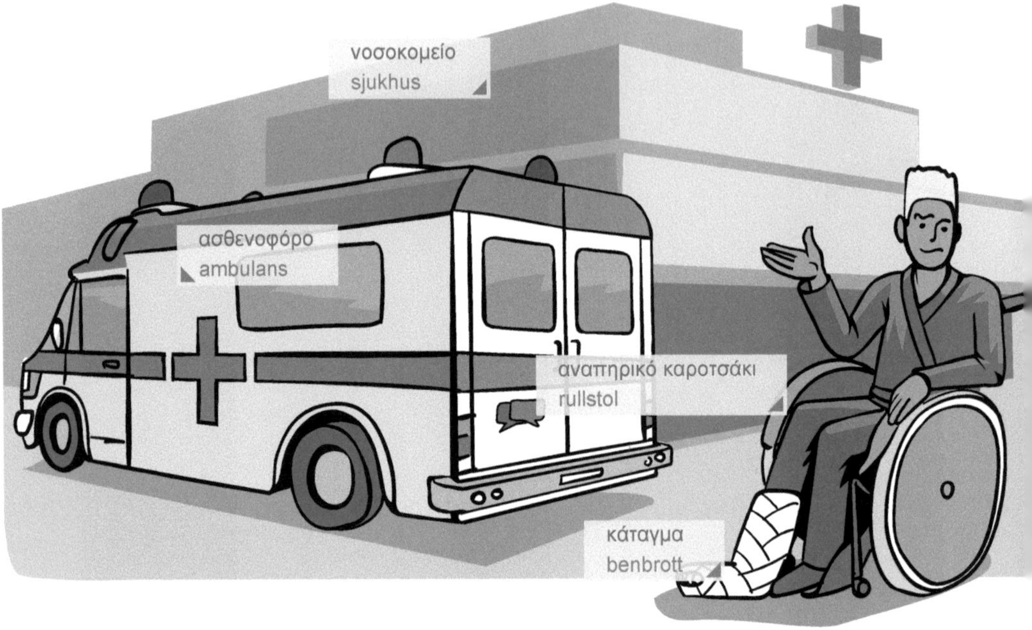

νοσοκομείο
sjukhus
ασθενοφόρο
ambulans
αναπηρικό καροτσάκι
rullstol
κάταγμα
benbrott

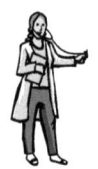

γιατρός

läkare

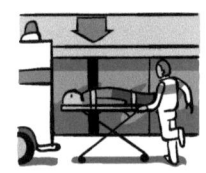

μονάδα εντατικής θεραπείας

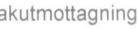

akutmottagning

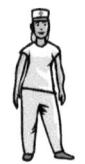

νοσοκόμα

sjuksköterska

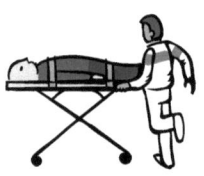

έκτακτη ανάγκη

nödsituation

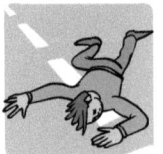

λιπόθυμος

medvetslös

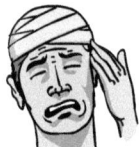

πόνος

smärta

τραύμα

skada

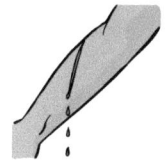

αιμορραγία

blödning

έμφραγμα

hjärtattack

εγκεφαλικό

slaganfall

αλλεργία

allergi

βήχας

hosta

πυρετός

feber

γρίπη

influensa

διάρροια

diarré

πονοκέφαλος

huvudvärk

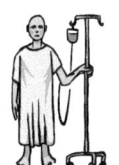

καρκίνος

cancer

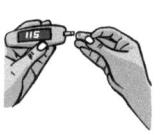

διαβήτης

diabetes

χειρουργός

kirurg

νυστέρι

skalpell

εγχείρηση

operation

αξονική τομογραφία
CT

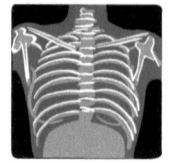

ακτινογραφία
röntgen

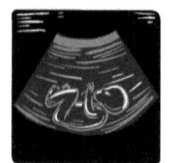

υπέρηχος
ultraljud

μάσκα
ansiktsmask

ασθένεια
sjukdom

αίθουσα αναμονής
väntsal

πατερίτσα
krycka

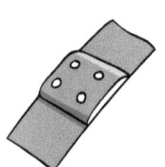

χάνσαπλαστ
plåster

επίδεσμος
bandage

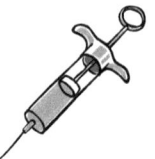

ένεση
injektion

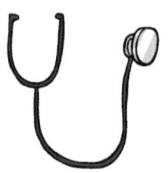

στηθοσκόπιο
stetoskop

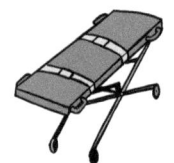

φορείο
bår

θερμόμετρο
termometer

γέννηση
födsel

υπέρβαρο
övervikt

ακουστικό βαρηκοΐας

hörapparat

αντισηπτικό

desinfektionsmedel

λοίμωξη

infektion

ιός

virus

HIV/AIDS

HIV / AIDS

φάρμακο

medicin

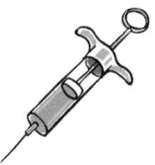

εμβολιασμός

vaccination

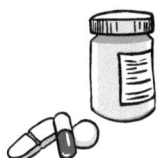

δισκία

tabletter

χάπι

p-piller

κλήση έκτακτης ανάγκης

nödsamtal

πιεσόμετρο αίματος

blodtrycksmätare

άρρωστος / υγιής

sjuk / frisk

Βοήθεια!

Hjälp!

συναγερμός

alarm

βιαιοπραγία

överfall

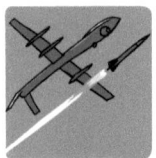

επίθεση

misshandel

κίνδυνος

fara

έξοδος κινδύνου

nödutgång

Φωτιά!

Det brinner!

πυροσβεστήρας

brandsläckare

ατύχημα

olycka

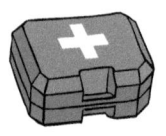

κουτί πρώτων βοηθειών

förbandslåda

SOS

SOS

αστυνομία

polis

Ευρώπη

Europa

Βόρεια Αμερική

Nordamerika

Νότια Αμερική

Sydamerika

Αφρική

Afrika

Ασία

Asien

Αυστραλία

Australien

Ατλαντικός Ωκεανός

Atlanten

Ειρηνικός Ωκεανός

Stilla Havet

Ινδικός Ωκεανός

Indiska Oceanen

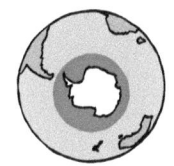

Ανταρκτικός Ωκεανός

Antarktiska Oceanen

Αρκτικός Ωκεανός

Arktiska Oceanen

Βόρειος Πόλος

Nordpol

Νότιος Πόλος

Sydpol

Ανταρκτική

Antarktis

Γη

Jorden

γη

land

θάλασσα

hav

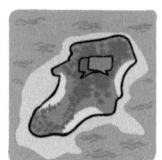

νησί

ö

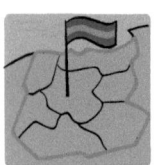

έθνος

nation

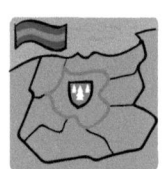

πολιτεία

stat

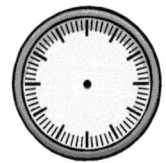

καντράν ρολογιού

urtavla

ωροδείκτης

timvisare

λεπτοδείκτης

minutvisare

δείκτης δευτερολέπτων

sekundvisare

Τι ώρα είναι;

Vad är klockan?

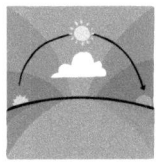

ημέρα

dag

χρόνος

tid

τώρα

nu

ψηφιακό ρολόι

digital klocka

λεπτό

minut

ώρα

timme

εβδομάδα
vecka

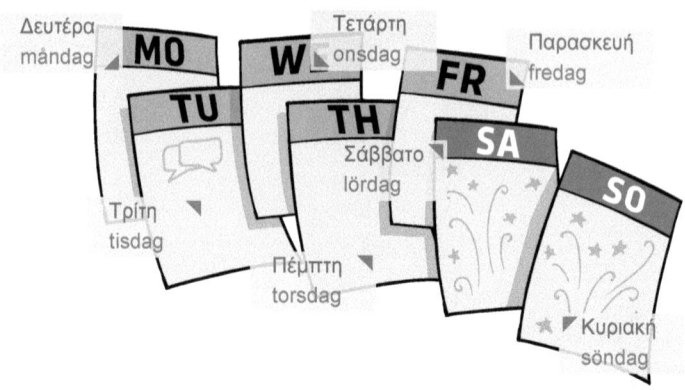

Δευτέρα / måndag — MO
Τρίτη / tisdag — TU
Τετάρτη / onsdag — W
Πέμπτη / torsdag — TH
Παρασκευή / fredag — FR
Σάββατο / lördag — SA
Κυριακή / söndag — SO

χθες

igår

σήμερα

idag

αύριο

imorgon

πρωί

morgon

μεσημέρι

middag

βράδυ

kväll

εργάσιμες ημέρες

vardagar

Σαββατοκύριακο

helg

έτος
år

βροχή
regn
ουράνιο τόξο
regnbåge
χιόνι
snö
άνεμος
vind
άνοιξη
vår
φθινόπωρο
höst
καλοκαίρι
sommar
χειμώνας
vinter

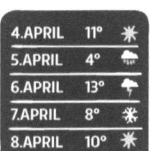

4.APRIL 11°
5.APRIL 4°
6.APRIL 13°
7.APRIL 8°
8.APRIL 10°

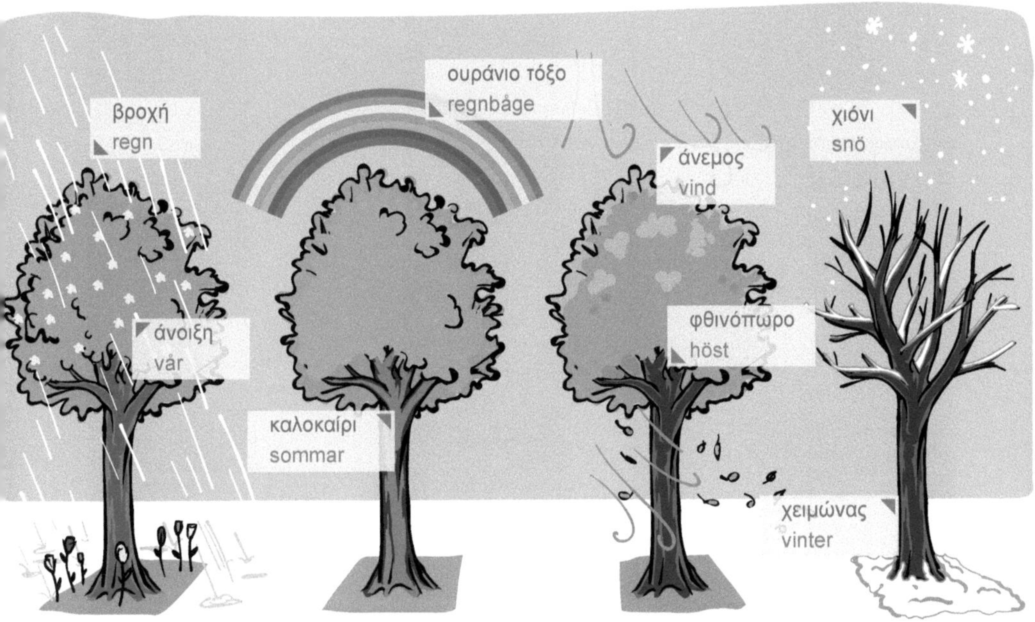

πρόγνωση καιρού
....
väderprognos

F
C
120
90
60
30
0
-30
40
30
20
10
0
-10
-20

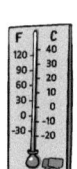

θερμόμετρο
....
termometer

λιακάδα
....
solsken

σύννεφο
....
moln

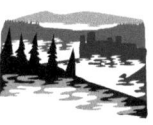

ομίχλη
....
dimma

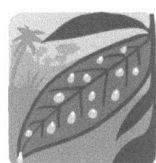

υγρασία
....
luftfuktighet

αστραπή

blixt

κεραυνός

åska

καταιγίδα

storm

χαλάζι

hagel

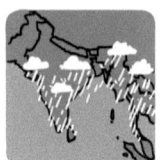

μουσώνας

monsun

πλημμύρα

översvämning

πάγος

is

Ιανουάριος

januari

Φεβρουάριος

februari

Μάρτιος

mars

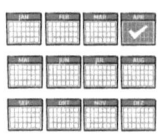

Απρίλιος

april

Μάιος

maj

Ιούνιος

juni

Ιούλιος

juli

Αύγουστος

augusti

έτος - år

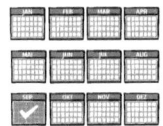

Σεπτέμβριος
....
september

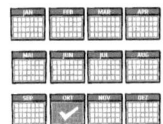

Οκτώβριος
....
oktober

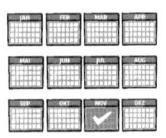

Νοέμβριος
....
november

Δεκέμβριος
....
december

σχήματα
former

κύκλος
....
cirkel

τετράγωνο
....
kvadrat

ορθογώνιο
παραλληλόγραμμο
rektangel

τρίγωνο
....
triangel

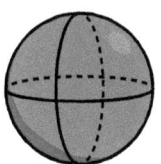

σφαίρα
....
sfär

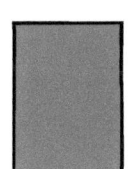

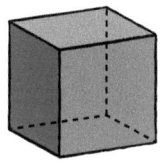

κύβος
....
kub

άσπρο

vit

κίτρινο

gul

πορτοκαλί

orange

ροζ

rosa

κόκκινο

röd

μωβ

lila

μπλε

blå

πράσινο

grön

καφέ

brun

γκρι

grå

μαύρο

svart

πολύ / λίγο

mycket / lite

θυμωμένος / ήρεμος

arg / lugn

όμορφος / άσχημος

vacker / ful

αρχή / τέλος

början / slut

μεγάλος / μικρός

stor / liten

φωτεινός / σκοτεινός

ljus / mörk

αδελφός / αδελφή

bror / syster

καθαρός / λερωμένος

ren / smutsig

πλήρης / ατελής

komplett / ofullständig

ημέρα / νύχτα

dag / natt

νεκρός / ζωντανός

död / levande

φαρδύς / στενός

bred / smal

βρώσιμος / μη βρώσιμος

ätlig / oätlig

κακός / ευγενικός

ond / god

ενθουσιασμένος / βαριεστημένος

upphetsad / uttråkad

παχύς / λεπτός

tjock / smal

πρώτος / τελευταίος

först / sist

φίλος / εχθρός

vän / fiende

γεμάτος / άδειος

full / tom

σκληρός / μαλακός

hård / mjuk

βαρύς / ελαφρύς

tung / lätt

πείνα / δίψα

hunger / törst

άρρωστος / υγιής

sjuk / frisk

παράνομος / νόμιμος

olaglig / laglig

έξυπνος / χαζός

intelligent / dum

αριστερός / δεξιός

vänster / höger

κοντινός / μακρινός

nära / långt bort

καινούριος /
μεταχειρισμένος

ny / begagnad

τίποτα / κάτι

inget / något

γέρος | νέος

gammal / ung

αναμμένος / σβηστός

på / av

ανοιχτός / κλειστός

öppen / stängd

χαμηλόφωνος /
μεγαλόφωνος
tyst / högljudd

πλούσιος / φτωχός

rik / fattig

σωστός / λανθασμένος

rätt / fel

τραχύς / λείος

grov / slät

λυπημένος / χαρούμενος

ledsen / glad

κοντός / μακρύς

kort / lång

αργός / γρήγορος

långsam / snabb

υγρός / στεγνός

våt / torr

ζεστός / δροσερός

varm / sval

πόλεμος / ειρήνη

krig / fred

αντίθετα - motsatser

0	**1**	**2**
μηδέν	ένα	δύο
noll	ett	två

3	**4**	**5**
τρία	τέσσερα	πέντε
tre	fyra	fem

6	**7**	**8**
έξι	εφτά	οκτώ
sex	sju	åtta

9	**10**	**11**
εννιά	δέκα	έντεκα
nio	tio	elva

12
δώδεκα
tolv

13
δεκατρία
tretton

14
δεκατέσσερα
fjorton

15
δεκαπέντε
femton

16
δεκαέξι
sexton

17
δεκαεφτά
sjutton

18
δεκαοκτώ
arton

19
δεκαεννέα
nitton

20
είκοσι
tjugo

100
εκατό
hundra

1.000
χίλια
tusen

1.000.000
εκατομμύριο
miljon

Αγγλικά

engelska

Αμερικάνικα Αγγλικά

amerikansk engelska

Μανδαρίνικα Κινέζικα

kinesisk mandarin

Χίντι

hindi

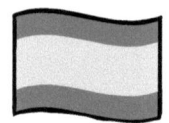

Ισπανικά

spanska

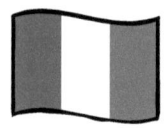

Γαλλικά

franska

Αραβικά

arabiska

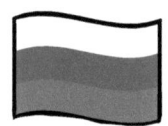

Ρώσικα

ryska

Πορτογαλικά

portugisiska

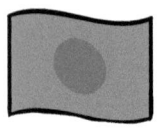

Μπενγκάλι

bengali

Γερμανικά

tyska

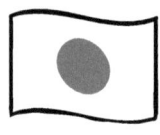

Ιαπωνικά

japanska

εγώ

jag

εσύ

du

αυτός / αυτή / αυτό

han / hon / den (det)

εμείς

vi

εσείς

ni

αυτοί / αυτές / αυτά

de

ποιος / ποια / ποιο;

vem?

τι;

vad?

πώς;

hur?

πού;

var?

πότε;

när?

όνομα

namn

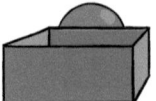

πίσω

bakom

μέσα

i

μπροστά

framför

πάνω από

över

πάνω

på

κάτω

under

δίπλα

bredvid

ανάμεσα

mellan

μέρος

plats